한국어, 한눈에 쏙 ②

针对中国人的韩语, 一目了然

한국어, 한눈에 쏙

针对中国人的韩语，
一目了然

2

조수인 지음

赵秀仁 作

가림출판사

이 책은 체계적으로 한국어를 학습하려는 중국인들을 위해 집필한 책이다.

이 책의 특징은 어법 설명이 한국어와 중국어 두 언어로 되어 있어 한국어 능력이 충분하지 않은 사람들의 경우에도 중국어를 통하여 한국어가 어떤 성격의 언어인지를 잘 알 수 있도록 한 점이다.

그리고 한국어 어법에 대한 설명들이 요약적으로 제시되어 있고, 각 장의 뒤에는 문제와 그에 대한 풀이를 수록하였는데 이를 통해 학습자 자신이 얼마나 이해하고 있는지 알 수 있도록 하였다.

서울대학교 공과대학을 졸업하고 삼성전자 메모리 부문 사장과 삼성 모바일 디스플레이 대표를 역임한 공학도인 저자가 이와 같이 한국어 어법 책을 집필한 사실과 함께, 그 내용과 기술 방법에 있어 중국어 학습자들에게 적합한 맞춤식 교재를 집필하였다는 사실이 놀랍다.

세상에는 좋은 책도 많지만 필요에 의해 집필된 책이 가장 유용한 것인데 이 책이 그러한 책이다. 앞으로 이 책을 통하여 한국어에 가까이 다가가는 중국인 학습자들이 더 많이 나오기를 바란다.

허용(현 동국대학교 석좌 교수, 전 한국외국어대학교 교수)

这本书主要是为需要系统地学习韩国语的中国人编写的。

这本书的特点是语法说明使用了韩国语和中文两种语言,
即使韩国语水平不高的人也能通过汉语了解韩国语是什么性质的语言。
韩语语法部分不仅有简单地说明,而且在每个章节的末尾,都收录了问题和答案的详细说明,
通过这些让学习者知道自己掌握了多少。

作为毕业于首尔大学工科大学,曾担任三星电子存储器部门总经理和三星移动显示器公司代
表的工科生作者,能够编写出如此好的韩国语语法书,并且编写的是适合中国学习者的教材,
真令人惊讶。

世界上好书很多,但根据需要编写的书是最有用的,这本书就是那样的书。
希望今后通过这本书,能涌现出更多接触韩国语的中国学习者。

许龙(现 东国大学 教授, 前 韩国外国语大学 教授)

어떻게 하면 외국인에게 한국어를 쉽게 가르칠 수가 있을까?

특히, 한자어를 사용하는 중국인에게 한국어를 쉽게 배우게 하는 방법은 없을까를 고민하다가 한국어 어법 책을 쓰게 되었다.

저자가 중국어를 공부하면서 많이 고민하였던 한국어와 중국어의 차이를 염두에 두고 내용을 구성하였다.

한국어가 중국어와 무엇이 비슷하고 무엇이 다른가를 분명히 이해하고 있다면, 중국인이 한국어를 쉽게 배울 수 있는 방법을 제시할 수 있으리라 본다.

처음부터 끝까지 꾸준히 공부해 나가면 무난히 한국어 어법을 익히게 될 수 있으리라 믿는다.

아무쪼록 이 교재가 한국어 공부에 흥미를 가지고 수월하게 익혀 나가는데 도움이 되었으면 한다.

아울러 본 교재를 출판하기까지 도움을 주신 한국외국어대학교 허용 교수님, 김민영 교수님, 문화로드 이소영 교수님, 국제 한국어 교육재단 신정아 이사님, 중국어 학원 하연 선생님, 가림출판사 직원 분들을 비롯한 모든 분들께 깊은 감사의 말씀을 드린다.

2022년 1월 저자 조 수 인

序言

如何才能浅显易懂地对外国人进行韩语教学呢？

作者本人一直苦思冥想,有没有能让使用汉字的中国人更轻松学韩语的方法,从而写出这本教材来。

作者本人在学习中文时,经常把韩语和汉语有着差异的问题,都留心收集起来,于是编写了这本教材的内容。

只有明确地了解韩语和汉语有什么相似之处,有什么不同之处,才能为中国人提供更简单的学习韩语的方法。

相信只要坚持不懈地学习,总有一天会学好韩语的语法。

总之,希望这本教材能够帮助学生,并让学生兴致勃勃地学好韩语。

同时,向所有帮助我出版本教材的韩国外国语大学许龙(허용)教授,金敏永(김민영)教授,文化公路李昭映(이소영)教授,国际韩语教育财团申正娥(신정아)理事,中文学院夏妍(하연)老师以及佳林出版社的职员们都致以深深的谢意。

2022年1月 作者 赵秀仁

1. 본 교재는 1권, 2권으로 나누어 제1권에서는 단어를, 제2권에서는 문장을 설명하였다.

　　这本教材分为两卷,第一卷说明生词,第二卷说明句子。

　제1권 단어는 모두 10장으로 각 품사별로 상세한 설명을 하였고, 제2권 문장에서는
　총 8장에 걸쳐서 문장의 유형을 상세히 설명하였다.

　　第一卷生词一共十章,详细地说明了各词类,第二卷句子一共八章,
　　详细地说明了句子的类型。

2. 한국어 어법을 설명하는 문장들마다 한 문장씩 중국어 번역을 달았다.

　　每个韩语语法句子的说明都附有中文翻译。

　처음 한국어 어법에 익숙하지 않을 경우 중국어 번역을 중점적으로 공부하면서 한국어
　어법을 참조하도록 하였다.

　　刚开始不熟悉韩语语法的时候,可以重点学习中文翻译,参考韩语语法。

　점차 어법에 익숙해지면 한국어로 된 어법을 공부할 수 있도록 구성하였다.

　　渐渐地,熟悉韩语语法之后,就能用韩国语学习语法。

3. 각 장의 끝에 문제와 문제풀이에 대한 상세한 설명을 수록하였다.

　　在每个章节的末尾,收录了问题和答案的详细说明。

　각 장을 공부하고 문제를 풀어 보면서 이해 정도를 점검해 볼 수 있도록 하였다.

　　可以边学习各章节边解题,可以检验理解程度。

　정답 확인과 함께 이에 대한 상세한 설명을 통하여 복습을 겸할 수 있도록 하였다.

　　通过确认正确答案和详细说明的学习,可以让学生做到巩固复习。

4. 본문 중에 나오는 예문들을 ①, ②, ③ - -의 숫자로 표기하였고, 이 예문들을
   암기한다면 한국어 어법을 공부하는데 많은 도움이 될 것으로 확신한다.

   用'①,②,③ - -'的数字,来表示课文的例句,

   如果背诵课文中例句的话,确信对学习韩语语法有很大帮助。

5. 추가 설명을 하거나 참조할 사항은 #을 이용하여 설명하였다.

   需要追加的说明或参考的事项,是用'#'来表示的。

6. 고유 명사는 [ ]를 활용하여 고유 명사임을 표기하였다.

   用'[ ]'来表示专有名词。

7. 사용하지 않거나 틀린 표현은 (X)로 별도로 표기하였다.

   用'(X)'来表示不能使用,或是错的句子。

8. 중간에 '쉬어 가기'를 넣어서 더욱 풍부한 한국어 실력을 다질 수 있도록 하였다.

   中间加了'小憩片刻',以便更丰富的巩固韩国语实力。

   '쉬어 가기'에는 한국어와 중국어의 표현이 다른, 자주 사용하는 단어를 수록하였다.

   在'小憩片刻'里收录了韩语和汉语不同表现的常用生词。

9. 2권에서의 '쉬어 가기'에는 자주 사용하는 속담을 수록하였다.

   在第二卷的'小憩片刻'里收录了常用的俗语。

   한국에서 자주 사용하는 속담을 내용별로 분류하여 상세한 설명과 함께 중국어로
   번역하여 수록하였다.

   按内容分为常用的韩国俗语,有着详细的说明,并将收录译成了中文。

차례 目录

'쉬어 가기'의 차례 '小憩片刻'目录

#'쉬어 가기'는 읽지 않고 그냥 건너뛰어도 무방하다.

　#不想阅读'小憩片刻'就跳过去,也是可以的。

단, 1) '한국어의 문자'와 7) '모음 조화'는 그 다음 장을 학습하기 전에 읽어보는 것이 좋다.

　　但是,在学习下一章之前阅读一遍 1)'韩语的文字'和 7)'母音和谐'是最好的。

제11장

문장의 유형 句子的类型

한국어의 문장 유형 韩语的基本句子

> 한국어는 '주어 + 술어' 형태에서 술어의 종류별로 3가지 유형으로 구분한다.
> 韩语在'主语 + 谓语'的句子形态中,按谓语的种类分为三类。

– 서술격 조사(이다)가 술어인 경우

  – 谓格助词(이다)为谓语时

– 형용사가 술어인 경우

  – 形容词为谓语时

– 동사가 술어인 경우

  – 动词为谓语时

🐼 주어 + 술어(이다)
主语 + 谓语(이다)

(1) 주어 + 술어(이다)   : 주어는 ～이다

  (1) 主语 + 谓语(이다)   :主语是 ～

    ① 철수는 학생이다.   ① [哲洙]是个学生。

      주어   술어

      主语   **谓语**

(2) 기본 문장에 수식어를 추가하면 확장된 문장의 형태가 된다.

  (2) 在上面的基本句子中,添加修饰语转成更长的句子。

    (부사어)# + (관형어)# + 주어 + (관형어)# + 술어(이다)

    (状语)# + (定语)# + 主语 + (定语)# + 谓语(이다)   #(괄호)안은 수식어

                                                 #(在括号内)是修饰语

① ' 어제 전학 온 철수는 착실한 학생이다.　① '昨天转学来的[哲洙]是个踏实的学生。

　　부사어 관형어　주어　관형어　술어

　　状语　　定语　　**主语**　定语　**谓语**

🐼 **주어 + 술어(형용사)　: 주어가 ～ 어떠하다**

　主语 + 谓语(形容词) : 主语 ～ 怎样

⑴ 주어 + 술어(형용사)

　⑴ 主语 + 谓语(形容词)

　　② 문구점이　깨끗하다.　　　② 文具店很干净。

　　　　주어　　　술어

　　　　主语　　　谓语

⑵ 기본 문장에 수식어를 추가하면 확장된 문장의 형태가 된다.

　⑵ 在上面的基本句子中,添加修饰语转成更长的句子。

　　　(부사어)# + (관형어)# + **주어 + 술어(형용사)**

　　　(状语)#　 + 　(定语)# + **主语 + 谓语(形容词)**

　　② ' 학교 앞에 있는 문구점은 깨끗하다.　　② ' 学校前面的文具店很干净。

　　　부사어　　관형어　주어　　술어

　　　状语　　　定语　　**主语**　谓语

🐼 **주어 + 술어(동사)　: 주어가 (～을) ～어찌하다**

　主语 + 谓语(动词) : 主语做～

(1-1) **주어 + 술어(동사)**

　(1-1) **主语 + 谓语(动词)**

　　③ 철수가 온다.　　　　　③ [哲洙]来。

　　　　주어　　술어

　　　　主语　　谓语

(1-2) (관형어)# + **주어** + (부사어)# + **술어(동사)**

　(1-2) 定语# + **主语** + (状语)# + **谓语(动词)**

③' 점잖은 철수가 천천히 온다.   ③' 文质彬彬的[哲洙]慢慢地走了过来。
　　관형어　주어　부사어　술어
　　定语　主语　状语　谓语

(2-1) 주어 + 목적어 + 술어(동사)

　(2-1) 主语 + 宾语 + 谓语(动词)

　④ 철수가 책을 읽는다.   ④ [哲洙]看书。
　　주어　목적어　술어
　　主语　宾语　谓语

(2-2) 주어 + (부사어)# + (관형어)# + 목적어 + (부사어)# + 술어

　(2-2) 主语 + (状语)# + (定语)# + 宾语 + (状语)# + 谓语

　④' 철수가 오늘 새 책을 조용히 읽는다.
　　주어 부사어 관형어 목적어 부사어 술어
　　主语 状语 定语 宾语 状语 谓语

　④' [哲洙]今天在安静地读新书。

(3-1) 주어 + 목적어 + 부사어#¹ + 술어(동사)

　(3-1) 主语 + 宾语 + 状语#¹ + 谓语(动词)

　⑤ 철수가 책을 동생에게 주었다.   ⑤ [哲洙]送给弟弟一本书。
　　주어　목적어　부사어　술어(동사)
　　主语　宾语　状语#¹ 谓语(动词)

(3-2) (부사어)#² + (관형어)# + 주어 + (관형어)# + 목적어 + 부사어#¹ + 서술어

　(3-2) (状语)#² + (定语)# + 主语 + (定语)# + 宾语 + 状语#¹ + 谓语

　⑤' 어제 착한 철수는 예쁜 선물을 동생에게 주었다.
　　부사어#² 관형어 주어 관형어 목적어 부사어#¹ 술어
　　状语 定语 主语 定语 宾语 状语 谓语

　⑤' 昨天乖巧的[哲洙]把漂亮的礼物送给了弟弟。

#¹ '동생에게' 필수 부사어 　#² '어제' 수식 부사어 　#¹ 필수 부사어는 생략할 수 없다.

#¹ '동생에게'是必要状语 　#² '어제'是修饰状语 　#¹ 在这里状语是必须状语，不能省略。

(4-1) 주어 + 보어 + 술어(동사)

(4-1) 主语 + 补语 + 谓语(动词)

⑥ 철수가 반장이 되었다.　　⑥ [哲洙]当了班长。
　　주어　보어　술어
　　主语　补语　谓语

(4-2) (부사어)# + **주어** + (관형어)# + **보어** + **술어**

(4-2) (状语)# + **主语** + (定语)# + **补语** + **谓语**

⑥' 어제　철수가　삼 학년 일 반의　반장이　되었다.
　　부사어　주어　관형어　　　　보어　술어
　　状语　主语　定语　　　　補语　谓语

⑥' 昨天[哲洙]当了三年级一班的班长。

(5-1) **주어** + **부사어**#[1] + **술어(동사)**

(5-1) **主语** + **状语**#[1] + **谓语(动词)**

⑦ 영희는　엄마와　　닮았다.　⑦ [英喜]跟妈妈长得很像。
　　주어　부사어#[1]　술어(동사)
　　主语　状语#[1]　谓语(动词)

(5-2) (관형어) + (부사어) + **주어** + **부사어**#[1] + (부사어)#[2] + **술어**

(5-2) (定语) + (状语) + **主语** + **状语**#[1] + (状语)#[2] + **谓语**

⑦' 저　영희는　어릴 때부터　엄마와　　많이　닮았다.
　관형어　주어　　부사어　부사어#[1]　부사어#[2]　술어
　　定语　主语　　状语　　状语#[1]　状语#[2]　谓语

⑦' 那个[英喜]从小跟妈妈长得很像。

#[1] '엄마와' 필수 부사어　　#[2] '많이' 수식 부사어
#[1] '엄마와'是必要状语　　#[2] '많이'是修饰状语

01 다음 예문의 주어와 술어를 바르게 가리키고 있는 것은 어느 것인가?

指出下面句中正确的主语和谓语。

> 예문 : 저 영희는 어릴 때부터 엄마와 많이 닮았다.
>
> 例句 : 那个[英喜]从小跟妈妈长得很像。

	주어(主语)	–	술어(谓语)			주어(主语)	–	술어(谓语)
①	어릴	–	닮았다		②	영희는	–	닮았다
③	영희는	–	엄마와		④	엄마와	–	닮았다

02 다음 예문의 주어와 술어를 바르게 가리키고 있는 것은 어느 것인가?

指出下面句中正确的主语和谓语。

> 예문 : 철수가 오늘 새 책을 조용히 읽는다.
>
> 例句 : 例句) [哲洙]今天在安静地读新书。

① 철수가 – 새 책을　　　　② 새 책을 – 읽는다

③ 철수가 – 읽는다　　　　④ 오늘 – 조용히

03 다음 예문의 주어와 술어를 바르게 가리키고 있는 것은 어느 것인가?

指出下面句中正确的主语和谓语。

> 예문 : 어제 착한 철수는 예쁜 선물을 동생에게 주었다.
>
> 例句 : 昨天乖巧的[哲洙]把漂亮的礼物送给了弟弟。

① 어제 – 동생에게　　　　② 착한 – 철수는

③ 철수는 – 주었다　　　　④ 철수는 – 동생에게

정답(答案)

01 ② : 저   영희는 어릴 때부터 엄마와   많이   닮았다.
　　　관형어　**주어**　　부사어　　**부사어** 부사어　술어
　　　定语　　**主语**　　状语　　　**状语**　 状语　 谓语

02 ③ : 철수가 오늘   새   책을   조용히 읽는다.
　　　 : 주어 부사어 관형어 **목적어** 부사어   술어
　　　　主语　状语　 定语　 **宾语**　 状语　 谓语

03 ③ : 어제 착한 철수는 예쁜 선물을 동생에게 주었다.
　　　 : 부사어 관형어 주어 관형어 **목적어** (필수)부사어 술어
　　　　状语　 定语　 主语　 定语　 **宾语**　 **必要状语**　谓语

제12장

현재형, 과거형, 미래형
现在时,过去时,将来时

 ## 현재형, 현재 진행형 现在时,现在进行时

🐼 **동사의 현재형, 현재 진행형**
动词的现在时,现在进行时

(1) 현재형은 현재 시제의 일반적인 형태이고, 현재 진행형은 현재 행위가 진행되고 있는
상황을 표현한다.

⑴ 现在时是现在时态的一般形态,现在进行时表现的是现在行为进行的情况。

(2) 현재형 형태는 어간과 '–다' 사이에 '–ㄴ' 또는 '–는'을 삽입한다.

⑵ 现在时的形态是,在词干和'–다'的中间插入'–ㄴ'或者'–는'。

㉠ 어간이 모음으로 끝나면 어간과 '–다' 사이에 '–ㄴ'을 삽입한다.

㉠ 词干以母音结束的话,在词干和'다'的中间插入'–ㄴ'。

㉡ 어간이 자음으로 끝나면 어간과 '–다' 사이에 '–는'을 삽입한다.

㉡ 词干以子音结束的话,在词干和'다'的中间插入'–는'。

가다 : 가– + –ㄴ + –다 → 간다

먹다 : 먹– + –는 + –다 → 먹는다

(3) 어간과 '–다' 사이에 '**–ㅂ니–**' / '**–습니–**'를 활용하여 공식적이고 정중한 현재형을
표현하기도 한다.

⑶ 在词干和'–다'的中间,插入'–ㅂ니–', 或者'**–습니–**' 来表示正式的或者郑重的现在时语气。

㉠ '–다' 앞의 어간이 모음으로 끝나면 '어간 + –ㅂ니다'로 표현한다.

㉠ '–다'前的词干,以母音结束的话,变成'词干 + –ㅂ니다' 来表示现在时。

ⓛ '－다' 앞의 어간이 자음으로 끝나면 어간과 '－다' 사이에 '－**습니**'를 삽입,
'어간 ＋ －**습니다**' 형태로 공식적인 현재형을 표현한다.

ⓛ '－다'前的词干,以子音结束的话,在词干和'다'的中间插入'－**습니**－',
变成'词干 ＋ －**습니다**'来表示正式语气的现在时。

(4) 어미'－다' 앞에 '－**고 있**(다) / **있습니**(다)'로 현재 진행형을 표현한다.

(4) 在词尾'－다'的前面,以插入'－**고 있**(다) / **있습니**(다)'来表示现在进行时。

기본형 基本形	현재형 现在时	현재 진행형 现在进行时
	－ㄴ다 / **는**다, －ㅂ니다 / **습니**다	－고 있다 / 있습니다
가다 去	**간**다, 갑니다 在去	가고 있다 / 있습니다 正在去
오다 来	**온**다, 옵니다 在来	오고 있다 / 있습니다 正在来
받다 收	받**는**다, 받습니다 在收	받고 있다 / 있습니다 正在收
먹다 吃	먹**는**다, 먹습니다 在吃	먹고 있다 / 있습니다 正在吃
입다 穿	입**는**다, 입습니다 在穿	입고 있다 / 있습니다 正在穿
하다 做	**한**다, 합니다 在做	하고 있다 / 있습니다 正在做
말하다 说话	말**한**다, 말합니다 在说话	말하고 있다 / 있습니다 正在说话

(5) 예문

(5) 例句

① 철수는 매일 7시에 학교에 **간다**/**갑니다**.

① [哲洙]每天7点去学校。

② 음식 재료는 슈퍼마켓에서 **산다**.

② 食品材料在超市里买。

③ 부모님이 용돈을 주시면 두 손으로 **받습니다**.

③ 父母给零花钱的话,要用双手接。

④ 지금 영희가 의견을 말하고 있다.

    ④ 现在[英喜]正在发表建议。

⑤ 철수는 열심히 공부를 하고 있습니다.

    ⑤ [哲洙]正在努力地学习。

🐼 형용사의 현재형
形容词的现在时

(1) 형용사의 현재형은 기본형과 같으며 어간에 '－ㅂ니다', '－습니다'를 활용하여 공식적인

    표현을 사용하기도 한다.

    (1) 形容词的现在时跟基本形一样,在词干后面用'－ㅂ니다' / '－습니다'连接,

      来表示正式的语气。

(2) 형용사는 구어체에서 '어간 ＋ －아 / 어' 형태가 주로 쓰인다.

    (2) 形容词在口语中,常用'词干 ＋ －아 / 어'的形式。

      ㉠ 어간 마지막의 모음이 양성이면 '－아' 를 붙인다.

        ㉠ 词干的最后一个母音是阳性的话,用 '－아'。

      ㉡ 어간 마지막 모음이 음성 / 중성이면 '－어'를 붙인다.

        ㉡ 词干的最后一个母音是阴性或中性的话,用 '－어'。

기본형 基本形	현재형 现在时	구어 口语
	기본형, + −ㅂ니다 / 습니다 基本形, + −ㅂ니다 / 습니다	어간 + −아 / 어 词干 + −아 / 어
높다 高 낮다 低 늦다 晚 예쁘다 漂亮 아름답다 美丽	높다, 높**습니**다 高,　高 낮다, 낮**습니**다 低,　低 늦다, 늦**습니**다 晚,　晚 예쁘다, 예**쁩니**다 漂亮,　漂亮 아름답다, 아름답**습니**다 美丽,　美丽	높아 高 낮아 低 늦어 晚 예뻐 (#¹) 漂亮 아름다워 (#²) 美丽

#¹ : 예쁘다 → 예쁘− + −어 → 예뻐　('ㅡ' 불규칙) ('ㅡ'的不规则)

#² : 아름답다 → 아름답− + −어 → 아름다워 ('ㅂ' 불규칙) ('ㅂ'的不规则)

(3) 동사와 달리 **형용사는 '−ㄴ다', '−는다'** 형태는 사용하지 않는다.

　(3) 形容词跟动词不一样，不使用 **'−ㄴ다', '−는다'** 的形态。

　　높다 → 높는다 (×), 　아름답다 → 아름답는다 (×)

(4) **형용사는 '−고 있다'라는 진행형이 없다.**

　(4) 形容词没有 **'−고 있다'** 的进行形态。

　　낮다 → 낮고 있다 (×), 　예쁘다 → 예쁘고 있다 (×)

(5) 예문

　(5) 例句

　　① 저 앞에 산은 매우 높다 / 높습니다 / 높아.

　　　① 前面的那座山很高。

　　② 저 시계는 5분 늦다 / 늦습니다 / 늦어.

　　　② 那个表慢5分钟。

　　③ 영희는 분홍색 옷을 입으면 제일 예쁘다/예뻐.

　　　③ [英喜]穿粉红色的衣服时, 最漂亮。

　　③' 영희는 분홍색 옷을 입으면 제일 예쁜다. (×)

④ 제 철에 피는 모든 꽃들은 **아름답다**.

  ④ 当季开的花都很漂亮。

  ④' 제 철에 피는 모든 꽃들은 아름답고 있다. (×)

⑤ 늙은 부부가 같이 걸어가는 모습은 **아름답습니다**.

  ⑤ 老夫妻一起走路的样子很美。

🐼 (이)다의 현재형
'(이)다'的现在时

(1) 형태

  (1) 形态

   '체언(명사, 대명사, 수사) + **-다 / -이다 / 입니다**' 형태를 갖는다.

    以'体词(名词,代词,数词) + **-다 / -이다 / 입니다**'的形态。

     - **입니다** : 체언이 모음으로 끝나든, 자음으로 끝나든 제한이 없고, 공식적인 표현을 나타낸다.

      - 不管体词以母音还是子音结束,都要用'-**입니다**'来表示正式的语气。

(2) '**이다**' 는 '**-ㄴ다**' 와 '**-고 있다**' 의 진행형의 개념은 없다.

  (2) '**이다**'没有'**-ㄴ다**'和'**-고 있다**'的进行时。

친구(이)다	친구**입니다**
是朋友	是朋友
어머니(이)다	어머니**입니다**
是妈妈	是妈妈
학생이다	학생**입니다**
是学生	是学生
논이다	논**입니다**
是稻田	是稻田
사랑이다	사랑**입니다**
是爱情	是爱情

⑶ 예문

⑶ 例句

① 철수는 이 학교에 다니는 학생이다 / **입니다.**

　① [哲洙]是上这个学校的学生。

　①' 철수는 이 학교에 다니는 학생인다. (×)

② 어려울 때 도와주는 친구가 진정한 친구이다.

　② 困难时,帮助过的朋友是真正的朋友。

　②' 어려울 때 도와주는 친구가 진정한 친구이고 있다. (×)

③ 영희는 벌써 결혼해서 두 아이의 어머니다 / **입니다.**

　③ [英喜]已经结婚了,是俩孩子的母亲。

④ 이 세상에서 꼭 필요한 것은 사랑이다 / **입니다.**

　④ 世界上一定需要的是爱。

과거형, 과거 진행형, 과거 완료형
过去时,过去进行时,过去完成时

🐼 **동사의 과거형, 과거 진행형, 과거 완료형.**
   动词的过去时,过去进行时,过去完成时

(1) 과거형

　(1) 过去时

　　– 과거형은 과거 시점에 행해진 행위를 나타내는 표현이다.

　　– 过去时表示,在过去的时候发生的行为。

　　– 동사의 어간과 어미 '– 다' 사이에 '–ㅆ–', '–았–', '–었–' 을 삽입한다.

　　– 动词的词干和词尾'–다'的中间,添加'–ㅆ–', '–았–', '–었–'。

　　　㉠ '–다' 앞의 어간이 모음으로 끝나면 '–ㅆ–' 을 삽입한다.

　　　　㉠ '–다'前面的词干,以母音结束的话,添加'–ㅆ–'。

　　　㉡ '– 다' 앞 어간이 자음으로 끝나면 '– 았–' 또는 '–었–' 을 삽입한다.

　　　　㉡ '– 다'前面的词干,以子音结束的话,添加'–았–'或'–었–'。

　　　이 경우 어간 마지막 모음이 양성 모음이면 '–았–' 을
　　　어간 마지막 모음이 음성, 중성인 경우 '–었–' 을 삽입한다.

　　　　词干最后一个母音是阳性的话,添加'–았–',
　　　　词干最后一个母音是阴性或中性的话,添加'–었–'。

(2) 과거 진행형

　(2) 过去进行时

　　– 과거 진행형은 과거에 진행되고 있던 행위를 표현한다.

　　– 过去进行时是表过去的时候进行的行为。

　　– 형태는 동사의 현재 진행형 '–고 있(다)' 형태에서
　　　어미 '– 다' 앞에 '– **었**–'을 삽입하여 '– 고 있**었(다)**' 형태로 표현한다.

　　– 动词的现在进行时'–고 있(다)'中,要在词尾'–다'的前面添加'– **었**–',
　　　变成'–고 있**었**(다)'的形式。

过去进行时也要用最后一个谓词词尾的变化，来表示过去进行时。

과거 진행형도 마지막 용언의 어미 활용을 하여 나타낸다.
　# 过去进行时也要用最后一个谓词词尾的变化，来表示过去进行时。

(3) 과거 완료형
(3) 过去完成时

- 과거 완료형은 과거 동작의 완료를 표현하며 경험을 강조하거나 회상의 의미를 나타낼 경우 사용한다
  - 过去完成时表示过去行为的完成,强调过去的行为或经历,或者回想过去的经历。
- 형태는 과거형 어미 '-다' 앞에 '-었-'을 추가하여 변환한다.
  - 在过去时的词尾'-다'前面，添加'-었-'。

기본형 基本形	과거형 过去时	과거 진행형 过去进行时	과거 완료형 过去完成时
	-ㅆ / 았 / 었-	-고 있 + -었-	-ㅆ / 았 / 었 + -었-
가다 去	갔다 去了	가고 있었다 在去	갔었다 去过了
오다 来	왔다#¹ 来了	오고 있었다 在来	왔었다 来过了
받다 收	받았다 收了	받고 있었다 在收	받았었다 收过了
먹다 吃	먹었다 吃了	먹고 있었다 在吃	먹었었다 吃过了
입다 穿	입었다 穿了	입고 있었다 在穿	입었었다 穿过了
하다 做	하였다/했다 做了	하고 있었다 在做	했었다 做过了
말하다 说话	말하였다 / 말했다 说了	말하고 있었다 在说话	말했었다 说过了

#¹ 오 + -았- + 다 → 왔다 (모음축약) (母音合并)

동사의 과거형, 과거 진행형, 과거 완료형 모두 어미 '-다' 앞에
　'-습니-'를 삽입하여 '-습니다' 형태로 하면 공식적인 표현이 된다.
　# 动词的过去时,进行时和完成时,在词尾'-다'前面添加'-습니-'
　　变成'-습니다'的形式,来表示正式的语气。

기본형 基本形	과거형 过去时	과거 진행형 过去进行时	과거 완료형 过去完成时
	−ㅆ/았/었 + '−습니다'	−고 있었− + '−습니다'	−ㅆ/았/었 + −었− + '−습니다'
가다 去	갔다 갔습니다 去了	가고 있었다 가고 있었습니다 正在去	갔었다 갔었습니다 去过了
오다 来	왔다 왔습니다 来了	오고 있었다 오고 있었습니다 正在来	왔었다 왔었습니다 来过了
받다 收	받았다 받았습니다 收了	받고 있었다 받고 있었습니다 正在收	받았었다 받았었습니다 收过了
먹다 吃	먹었다 먹었습니다 吃了	먹고 있었다 먹고 있었습니다 正在吃	먹었었다 먹었었습니다 吃过了
하다 做	하였다 / 했다 하였습니다 / 했습니다 做了	하고 있었다 하고 있었습니다 正在做	했었다 했었습니다 做过了

(4) 예문

(4) 例句

① 철수는 어제 서울로 갔다.　　　　　　　　　　　　　　　　　과거

　① [哲洙]昨天启程去首尔了。　　　　　　　　　　　　　　　　过去时

② 영희는 부모님의 편지를 분명히 받았다.　　　　　　　　　　　과거

　② [英喜]肯定收到了父母的信。　　　　　　　　　　　　　　　过去时

②' 영희는 부모님의 편지를 분명히 받았습니다.　　과거 − (공식적 표현)

　　　　　　　　　　　　　　　　　　　　　　　过去时 − (正式的语气)

③ 친구가 찾아왔을 때 영희는 밥을 먹고 있었다.　　　　　　　과거 진행

　③ 朋友来找[英喜]时, 她正在吃饭。　　　　　　　　　　　　过去进行时

③' 친구가 찾아왔을 때 영희는 밥을 먹었고 있다. [1] (×)

　　[1] 과거 진행형은 마지막 용언의 어미 활용을 하여 나타낸다.

　　　[1] 最后一个谓词词尾的变化, 来表示过去进行时。

④ 졸업식 날 우리는 모두 졸업 가운을 **입었었다.**　　　　과거 완료 – 회상

④ 毕业典礼的那天我们都穿着毕业典礼服。　　　　过去完成时 – 回想

⑤ 철수는 의견을 항상 또렷하게 **말했었다.**　　　　과거 완료 – 회상

⑤ [哲洙]总是把意见说得清清楚楚。　　　　过去完成时 – 强调

⑤' 철수는 의견을 항상 또렷하게 **말했었습니다.**　　과거 완료 – 강조(공식)

过去完成时 – 强调(正式)

🐼 형용사의 과거형, 완료형
　　形容词的过去时,过去完成时

⑴ 과거형

　⑴ 过去时

　– 형용사의 과거형은 과거 시점의 형상을 나타낸다.

　　– 形容词过去时,表示在过去某个时间里的现状。

　– 형태는 형용사 어간과 어미 '–다' 사이에 '–**았**–' 또는 '–**었**–'을 삽입한다.

　　– 形态是在形容词的词干和词尾'다'的中间,添加'–**았**–',或 '–**었**–'。

⑵ 과거 완료형

　⑵ 过去完成时

　– 과거 완료형은 과거 형상에 대한 종결. 회상. 확신을 나타내며,

　　– 过去完成时表示,对过去状态的终结.回想或者确信。

　– 형태 : 과거형 '–았 / 었–' 과 '–다' 사이에 '–**었**–'을 삽입하여 표현한다.

　　– 形态是在过去时的'–았 / 었 –'和 '–다'中间,添加 '–**었**–'来表示。

⑶ 형용사의 진행형 형태는 없다.

　⑶ 没有形容词的进行时。

기본형 基本形	과거형 过去时	과거 완료형 过去完成时
	았 / 었	았 / 었 + 었
높다 高	높았다 高	높았었다 高
낮다 低	낮았다 低	낮았었다 低
늦다 晩	늦었다 晩	늦었었다 晩
예쁘다 漂亮	예뻤다#2 漂亮	예뻤었다 漂亮
아름답다 美丽	아름다웠다#3 美丽	아름다웠었다 美丽

#2 예쁘다 → 예쁘– + –었– + –다 → 예뻤다   ('_' 불규칙)

                                                           ('_' 不规则)

#3 아름답– + –었– + –다 → 아름다우– + –었– + –다 → 아름다웠다

                                                           ('ㅂ' 불규칙)

                                                           ('ㅂ' 不规则)

형용사의 과거형, 과거 완료형 모두 어미 '–다' 앞에 '–습니–'를 삽입하여
  '–습니다' 형태로 하면 공식적인 표현이 된다.
  # 形容词的过去时和过去完成时,都在词尾'–다'前面添加'–습니–',变成'–습니다'的形式,
    来表示正式的语气。

기본형 基本形	과거형 过去时	과거 완료형 过去完成时
	–았 / 었– + '–습니다'	–았 / 었– + –었– / + '–습니다'
높다 高	높았다 / 높았습니다 高	높았었다 / 높았었습니다 高
늦다 晩	늦었다 / 늦었습니다 晩	늦었었다 / 늦었었습니다 晩
예쁘다 漂亮	예뻤다 / 예뻤습니다 漂亮	예뻤었다 / 예뻤었습니다 漂亮
아름답다 美丽	아름다웠다 / 아름다웠습니다 美丽	아름다웠었다 / 아름다웠었습니다 美丽

(4) 예문

(4) 例句

① 어제 우리가 올라간 산은 매우 높았다.   과거

　① 昨天我们爬的那座山非常高。   过去时

　①' 어제 우리가 올라간 산은 매우 높다. #¹ (×)

                                          #¹ '어제'와 '높다'의 시제가 불일치
                                            #¹ '어제'和 '높다'的时态不同, 所以是错的。

② 결혼식 날 신부는 너무 아름다웠다.   과거

　② 婚礼那天新娘非常漂亮。   过去时

　②' 결혼식 날 신부는 너무 아름다웠습니다.   과거 (공식)

                                                                      过去时(正式的语气)

③ 철수는 학교에 매일 늦었었다.   과거 완료 – 강조

　③ [哲洙]每天去学校去得很晚。   过去完成时 – 强调

　③' 철수는 학교에 매일 늦었었습니다.   과거 완료 (공식)

                                                                      过去完成时 (正式的语气)

④ 영희는 어렸을 때 너무 예뻤었다.   과거 완료 – 회상

　④ [英喜]小的时候很漂亮。   过去完成时 – 回想

🐼 '이다' 의 과거형, 과거 완료형
'이다'的过去时, 过去完成时

(1) 신분, 위치, 상황을 서술하는 '(이)다'의 과거형은

(1) 表示身份, 位置和情况的'(이)다', 过去时的形式是

　㉠ '체언 + -이다' 형태는 '이-' 와 '-다' 사이에 '-었-'을 삽입.

　　㉠ '体词 + 이다'的形态, 在 '이-'和 '-다'的中间添加'-었-'来表示。

　㉡ '체언 + -다' 형태는 체언과 '-다' 사이에 '-였-'을 삽입.

　　㉡ '体词 + -다'的形态, 在体词和'-다'的中间添加'-였-'来表示。

(2) 과거 완료형은

(2) 过去完成时

　– 과거의 종결된 상황 또는 확신을 강조한 경우를 나타낸다.

－ 强调过去终结的情况或者强调确信。

－ 형태 : 과거형 어미 '－었／였－'과 '－ 다' 사이에 '－었－'을 삽입한다.

－ 形态是在过去时词尾 '－었／였－' 和 '－ 다' 的中间,添加 '－었－' 来表示。

'이다'의 과거형, 과거 완료형 모두 어미 '－ 다' 앞에 '－습니－'를 삽입하여 '－습니다' 형태로
하면 공식적인 표현이 된다.
'이다' 过去时和过去完成时,都在词尾 '－ 다' 前面以添加 '－습니－' 变成 '－습니다' 的形态,来表
示正式的语气。

기본형	과거형	과거 완료형
基本形	过去时	过去完成时
(이)다	였다 / 이었다 였습니다 / 이었습니다	였었다 / 이었었다 였었습니다 / 이었었습니다
친구다 是朋友	친구였다 是朋友	친구였었다 是朋友
어머니다 是妈妈	어머니였다 / 어머니였습니다 是妈妈	어머니였었다 / 어머니였었습니다 是妈妈
학생이다 是学生	학생이었다 是学生	학생이었었다 是学生
논이다 是稻田	논이었다 是稻田	논이었었다 是稻田
사랑이다 是爱情	사랑이었다 / 사랑이었습니다 是爱情	사랑이었었다 / 사랑이었었습니다 是爱情

(3) 예문

(3) 例句

① 이 곳은 전에는 논이었다.   과거

① 这儿以前是稻田。   过去时

② 그것은 진정한 사랑이었었다.   과거 완료 － 강조

② 那是真正的爱情。   过去完成时 － 强调

③ 우리는 전에는 친구였었다. 지금은 갈라섰다.   과거 완료 － 경험

③ 我们以前是朋友,现在分手了。   过去完成时 － 经历

④ 그 당시 어머니는 현명한 어머니였습니다.   과거 － 공식 표현

④ 那时候妈妈是个明智的妈妈。   过去时 － 正式的语气

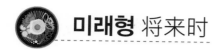 미래형 将来时

🐼 동사 미래형, 미래 진행형

动词的将来时, 将来进行时

(1) 미래형은 미래에 일어날 동작과 행위를 표현하며 형태는

　(1) 将来时是表示将来某一时段要发生的动作或行为, 形态是

　　(ㄱ) '미래 시제를 갖는 시간 부사 + 현재형 동사'로 나타내거나

　　　(ㄱ) '将来时态的副词 + 现在时动词'或者

　　(ㄴ) 어간과 어미 '−다' 사이에 '−겠−'을 삽입하여 미래형을 나타낸다.

　　　(ㄴ) 在词干和词尾'−다'的中间, 添加'−겠−'来表示将来时。

(2) 미래 진행형은 미래에 진행되고 있을 행위를 표현하며

　현재 진행형 형태인 '−고 있(다)'에서 어미 '−다' 앞에 '−겠−'을 삽입하여 전환한다.

　(2) 将来进行时是表示将来某一时段要进行的动作或行为, 形态是

　　在现在进行时'−고 있(다)'的词尾'−다'的前面, 添加'−겠−'来表示。

(3) 미래형과 미래 진행형은 아직 일어나지 않은 상황을 나타내므로 미래에 대한 의지, 추측, 예상 등의 표현이 많은 편이다.

　(3) 将来时和将来进行时都是表示还没开始的状态, 所以更多用来表示将来的意志, 推测和预想。

2시에는 도착하겠다.
可能2点到那儿。

기본형 基本形	미래형 将来时	미래 진행형 将来进行时
	미래 시간 부사 + 현재형, + -겠다 将来时态副词 + 现在时, + -겠다	-고 있- + -겠다 -고 있- + -겠다
가다 去	미래 시간 부사 + 간다, 가겠다 将来时态副词 + 去,要去	가고 있겠다 可能在去
오다 来	미래 시간 부사 + 온다, 오겠다 将来时态副词 + 来,要来	오고 있겠다 可能在来
받다 收	미래 시간 부사 + 받는다, 받겠다 将来时态副词 + 收,要收	받고 있겠다 可能在收
먹다 吃	미래 시간 부사 + 먹는다, 먹겠다 将来时态副词 + 吃,要吃	먹고 있겠다 可能在吃
입다 穿	미래 시간 부사 + 입는다, 입겠다 将来时态副词 + 穿,要穿	입고 있겠다 可能在穿
하다 做	미래 시간 부사 + 한다, 하겠다 将来时态副词 + 做,要做	하고 있겠다 可能在穿
말하다 说	미래 시간 부사 + 말한다, 말하겠다 将来时态副词 + 说,要说	말하고 있겠다 可能在说

\# 미래형의 '-겠다'와 미래 진행형 '-고 있겠다'에서 '-겠-' 뒤에 '-습니다' 형태로 하면 공식적
인 표현이 된다.

  \# 将来时的'-겠다'和将来进行时的'-고 있겠다', 在'-겠-'后面添加'-습니다', 来表示正式的语气。

(3) 예문

  (3) 例句

    ① 오늘은 여기서 쉬고 내일 가겠다.

      ① 今天在这儿休息, 明天去。

    ①' 오늘은 여기서 쉬고 내일 간다.   (○)   \#1

      \#1 '미래 시간 부사+현재형'도 미래형 표현이다.

        \#1 '将来时态副词 + 现在时'也是将来时的表现。

    ② 앞줄에 있는 학생부터 입장하겠**습니다**.   \#2

      ② 前边的学生先入场。

      \#2 '하겠**습니다**'는 '하겠다'의 공식적 표현이다.

        \#2 '하겠**습니다**'是'하겠다'的正式的语气。

    ③ 내가 가서 식료품을 <u>사 오겠다.</u> \#3

③ 我要去买食品。

#³ '사 – + 오겠다'는 본동사 + 보조 동사 형태, 시제는 보조 동사에서 맞춘다.
#³ '사 – + 오겠다'是本动词 + 补助动词的形态, 时态是由补助动词来决定的。

④ 내일 아침에는 서울에서 식사를 하고 있겠다.　　　　(미래형 – 예상)

④ 我觉得明天早上可能会在首尔吃饭。　　　　(将来时 – 预测)

🐼 형용사의 미래형
形容词的将来时

(1) 미래형은 미래 시점의 형상, 상황을 표현한다.

⑴ 将来时是表示将来时的状态或情况。

　　미래형은 아직 일어나지 않은 상황을 서술하고 있으므로

　　미래에 대한 추측, 예상적인 표현이 많다.

　　　将来时是表示还没开始的状态, 所以更多用来表示将来的推测和预想。

(2) 형식 : 기본형의 어간과 어미 '– 다' 사이에 '– 겠 –'을 삽입한다.

⑵ 形式 : 将来时在词干和词尾 '– 다'的中间, 添加 '– 겠 –'来表示。

기본형 基本形	미래형 将来时
	어간 + – 겠 – + – 다
높다 高	높**겠**다 会高
낮다 低	낮**겠**다 会低
늦다 晚	늦**겠**다 会晚
예쁘다 漂亮	예쁘**겠**다 会漂亮
아름답다 美丽	아름답**겠**다 会美丽

(3) 예문

(3) 例句

① 이 산보다 저 산이 훨씬 **높겠다.**

① 那座山比这座山会更高吧。

② 이 옷을 입으면 참 **아름답겠다.**

② 穿这件衣服的话，会很漂亮。

🐼 (이)다의 미래형

(이)다的将来时

(1) 어미 '- 다' 앞에 '- 겠 -'을 삽입하여 미래의 신분, 위치, 상황을 나타내며, 단정, 추측의 의미로도 많이 사용된다.

(1) 在词尾'- 다'的前面添加'- 겠 -',表示将来的身份,位置或状态, 也更多用来表示判断,推测的意思。

친구다	친구겠다
是朋友	可能是朋友
어머니다	어머니겠다
是妈妈	可能是妈妈
학생이다	학생이겠다
是学生	可能是学生
논이다	논이겠다
是稻田	可能是稻田
사랑이다	사랑이겠다
是爱情	可能是爱情

(2) 예문

(2) 例句

① 다음 달이면 연세대학교 학생**이겠다.**

① 下个月,将成为[延世]大学的学生。

② 내년에 만나면 너는 아기의 어머니**겠다.**

② 明年见面的话,你将是孩子的妈妈。

추측, 회상, 확신, 의지, 계획
推测,回想,确信,意志,计划

🐼 미래 추측
将来推测

(1) '동사 어간'과 '–다' 사이에 '–겠–'을 삽입하여 미래형을 표현하지만

이 형태는 미래의 의지, 추측의 의미도 가지고 있다.

(1) 在'动词词干'和'–다'中间添加'–겠–',来表示将来时,用将来时表示将来的意志或推测。

① 내일 가**겠**다.

① 明天去。

: '내일 간다'는 의지 또는 '내일 갈 것 같다'라는 추측의 의미가 있다.

: '明天要去'的意志,或者'明天可能去'的推测。

② 나라면 맛있게 먹**겠**다.

② 假如是我的话,会吃得很香。

: '내가 그 입장이라면 맛있게 먹는다'는 가정에 대한 의지를 표현한 것이다.

'假如我在那个立场的话,会吃得很香。' 表示假设意志。

(2) '형용사 어간'과 '–다' 사이 또는 서술격 조사 '이다'의 '–다' 앞에 '–겠–'을 삽입하여

미래형을 표현하면서 추측을 표현한다.

(2) 在'形容词词干'和'다'中间,或者谓格助词'이다'的'다'前面,

添加'–겠–'表示将来时,会有推测的意思。

① 이 옷을 입으면 예쁘**겠**다.　　　: 가정에 대한 추측의 의미를 표현한다.

① 穿这件衣服的话,会很漂亮。: 表示假设的推测。

② 내년에 대학생이**겠**다.　　　　　: 미래 추측의 의미가 강하다.

② 明年将成为大学生。　　　　　　: 强调将来的推测。

🐼 과거 추측
过去推测

– '용언 과거형 어간' 과 '– 다' 사이에 '– 겠 –'을 삽입하여 과거 추측이나 가정을 표현한다.

– 在'谓词过去时的词干'和'– 다'中间,添加'– 겠 –',表示过去的推测或假设。

① 나라면 갔겠다. : 내가 그 입장이었다면 갔을 것이다.

과거 가정과 추측

① 如果是我,肯定去了。 : 我在那个立场的话,肯定去了。

过去的假定和推测

② 어제 서울에 도착했겠다. : 어제의 상황을 추측

② 昨天肯定到首尔了。 : 推测昨天的情况

③ 이 유적은 예전에는 높았겠다. : 과거 사실에 대한 추측

③ 这个遗迹以前肯定很高。 : 推测过去的事

④ 당시에는 그는 변호사이었겠다. : 과거 신분에 대한 추측

④ 那时他肯定是位律师。 : 推测过去的身份

🐼 미래 희망, 의지, 확신
将来的希望,意志,确信

– 용언 어간 + '–(으)리라'

– 谓词词干 + '–(으)리라'

㉠ '– 다' 앞 어간이 모음으로 끝나면 + '– 리라'.

㉠ '– 다'前面的词干,以母音结束的话,连接 '– 리라'。

㉡ '– 다' 앞 어간이 자음으로 끝나면 + '– 으리라'.

㉡ '– 다'前面的词干,以子音结束的话,连接 '– 으리라'。

① 인간의 노력으로 미래는 밝아지리라. : 미래에 대한 희망을 표현

① 通过人们的努力,使未来变得更光明。 : 表示对未来的希望

② 비가 오고 나면 땅은 굳어지리라. : 미래에 대한 확신을 표현

② 雨后土地会变得坚硬。 : 表示对将来的确信

③ 그 대학교에는 반드시 합격하리라. : 미래에 대한 의지를 표현

③ 一定要考上那个大学。 : 表示对未来的意志

④ 네가 밥상을 차려 준다면 맛있게 먹으리라. : 미래 가정에 대한 의지를 표현

④ 你做菜的话，我一定会吃得很香。　　　　　：表示对未来假定的意志

🐼 전언, 회상
转述,回忆

(1) 용언 현재형 어간 + '-더라'

　(1) 谓词现在时的词干 + '-더라'

　: 현재 상황이나 불변의 상황을 전달하는 표현이다.
　　转述现在的情况或不变的情况。

　　① A : 철수가 어디에서 무엇을 하는지 알아요?

　　　A : 你知道[哲洙]在哪儿在做什么吗？

　　B : 철수는 도서관에서 공부하고 있더라.

　　　B : [哲洙]在图书馆学习来着。

　　② A : 만리장성 가서 보니 어떻니?

　　　A : 去看万里长城怎么样？

　　B : 만리장성은 정말 대단하더라.

　　　B : 万里长城真的很雄伟壮观。

(2) 용언 과거형 어간 + '-더라'

　(2) 谓词过去时的词干 + '-더라'

　: 과거 상황을 회상하거나 전달, 증언하는 표현이다.
　　表示对过去情况的回忆,转述或证词。

　　① A : 어제 철수가 어디에서 무엇을 했는지 보았니?

　　　A : 昨天你看见[哲洙]在哪儿做什么了？

　　B : (어제) 철수는 도서관에서 공부하고 있었더라.

　　　B : (昨天我看见)[哲洙]在图书馆学习来着。

　　② A : 어제 집에 가서 영희와 같이 밥을 먹었니?

　　　A : 昨天回家跟[英喜]一起吃饭了吗？

　　B : (어제 집에 가 보니) 영희가 밥을 다 먹었더라.

　　　B : (昨天到家看见过)[英喜]把饭都吃完了。

01 다음 중 용언의 현재형 어미 활용이 잘못된 것은 어느 것인가?

下面谓词的现在时中,哪个词尾变化**是错的**?

① 가다 – 갑니다
去

② 먹다 – 먹습니다
吃

③ 입다 – 입니다
穿

④ 예쁘다 – 예쁩니다
漂亮

02 다음에서 용언의 현재형 어미 활용이 잘못된 문장은 어느 것인가?

下面谓词的现在时中,哪个词尾变化**是错的**?

① 철수는 열심히 공부를 합니다.
② 부모님이 용돈을 주시면 두 손으로 받는습니다.
③ 저 시계는 5분 늦습니다.
④ 봄에 피는 꽃들은 모두 아름답습니다.

03 다음에서 용언의 현재형 어미 활용이 올바른 문장은 어느 것인가?

下面谓词的现在时中,哪个词尾变化**是正错的**?

① 영희는 밥을 먹고 있다.
② 영희는 정말 예쁘고 있다.
③ 영희는 지금 아름답는다.
④ 영희는 현재 중학생이고 있다.

04 다음 중 용언의 과거형, 과거 진행형 또는 과거 완료형이 잘못된 것은 어느 것인가?

下面谓词的过去时,过去进行时和过去完成时中,哪个**是错的**?

① 오다 – 왔다
来

② 먹다 – 먹었었다.
吃

③ 늦다 – 늦었다
晚

④ 높다 – 높었었다
高

40

05 다음 문장 중에서 용언의 과거형, 과거 진행형, 과거 완료형 어미 활용이 잘못된
　　문장은 어느 것인가?

　　　　下面谓词的过去时,过去进行时和过去完成时中,哪个词尾变化**是错的？**

　　　　① 졸업식 날 우리는 모두 졸업 가운을 입었다.
　　　　② 졸업식 날 우리는 모두 졸업 가운을 입었었다.
　　　　③ 철수는 매일 학교에 늦었다.
　　　　④ 철수는 매일 학교에 늦었습었다.

06 다음에서 용언의 시제 활용이 가장 올바른 문장은 어느 것인가?

　　　　下面谓词的时态中,哪个时态是**正确的？**

　　　　　① 어제는 집에서 잘 쉬겠습니다.
　　　　　② 오늘은 여기서 쉬고 내일 서울에 간다.
　　　　　③ 내가 바로 지금 가서 음료수를 샀다.
　　　　　④ 내일 아침이면 서울에서 식사를 하였다.

07 다음 예문의 (　　) 안에 알맞은 어미 변화로 짝지어진 것은 어느 것인가?

　　　　下面例句括号里,哪个词尾变化是**正确的？**

예문(例句) : 이전에 시골에 살면서 가끔 서울에 (㉠오다) 영희가, 내일쯤에는 (㉡ 오다).
以前住在农村,偶尔(㉠ 来)首尔的[英喜],她明天肯定会(㉡ 来)。

　　　　　　㉠　　　　　　　　㉡
　　① 올　　　　　　　오겠다
　　② 올　　　　　　　온다
　　③ 왔었던　　　　　왔었다
　　④ 왔었던　　　　　오겠다

01 ③ : ③ '입다'의 현재형은 '입는다', 공식적인 현재형은 '입**습니**다'이다.

  ③ '입다' 的现在时是 '입는다', 正式的语气是 '입**습니**다'。

02 ② : ② '받는습니다' (X) → 받**습니**다' (O)

  ② 부모님이 용돈을 주시면 두 손으로 받**습니**다.

  ② 父母给零花钱的话, 要用双手接。

  ① [哲洙]努力地学习。

  ③ 那个表慢5分钟。

  ④ 春天开的花都很美丽。

03 ① : 형용사와 '이다'는 동사와 달리 '-ㄴ다', '-는다', '-고 있다' 의 형태는 없다.

  : 形容词和 '이다'都跟动词不一样, 没有 '-ㄴ다', '-는다', '-고 있다' 的形态。

  ② '예쁘고 있다' (X) → '예쁘다'

  ③ '아름답는다' (X) → '아름답다', '아름답**습니**다'

  ④ '중학생이고 있다' (X) → '중학생이다', '중학생**입니**다'

04 ④ : ④ '높었었다' (X) → '높**았**었다' (O)

05 ④ : ④ '늦**었습**었다' (X) → '늦**었습니**다' (O), '늦었었다' (O)

  ④ 철수는 매일 학교에 늦**었습니**다.   ④ [哲洙]每天去学校去得很晚。

  ① 毕业典礼的那天我们都穿了毕业典礼服。

  ② 毕业典礼的那天我们都穿上了毕业典礼服。

  ③ [哲洙]每天去学校去得很晚。

06 ② : ② 오늘은 여기서 쉬고 '내일 서울에 **간다**.'   ('내일 + 현재형'은 맞는 표현이다)

  ② 今天在这儿休息, 明天去。   ('明天 + 现在时'是正确的)

  ① 어제는 집에서 잘 쉬<u>겠</u>습니다. (X) → 쉬었다   (과거)

  ① 昨天在家休息得很好。   (过去时)

  ③ 내가 바로 지금 가서 음료수를 샀다. (X) → 사**겠**다   (미래)

  ③ 我马上就去买饮料。   (将来时)

  ④ 내일 아침이면 서울에서 식사를 하였다. (X) → 하**겠**다   (미래)

  ④ 明天早上可能在首尔吃饭。   (将来时)

07 ④ : 이전에 시골에 살면서 가끔 서울에 (㉠**왔었던**) 영희가, 내일쯤에는 (㉡**오겠다**)

  以前住在农村, 偶尔来过首尔的[英喜], 她明天肯定会来的。

  ㉠ '오다' : 과거 완료형의 관형사형 '**왔었던**'이 옳다.   왔었다 → 왔었던

  ㉠ '오다' : 过去完成时的冠词形态'**왔었던**'是正确的。

  ㉡ '오다'의 미래형은 '오**겠**다'이다.

  ㉡ '오다'的将来时是 '오**겠**다'。

⑪ 한국의 속담 – '쉽다'와 관련있는 표현의 속담
　⑪ 韩国的俗语 – 关于'容易'的俗语

- **누워서 떡 먹기**

　- 不费吹灰之力

　　매우 편한 자세로 떡을 먹을 정도로 쉽게 할 수 있다.

　　　像躺着吃年糕一样,做事情都很轻松容易。

- **땅 짚고 헤엄치기**

　- 不费吹灰之力

　　땅을 짚고 헤엄치기 만큼 힘이 들지 않는다.

　　　像趴在地上游泳一样,不吃力。

- **손 안대고 코 풀기**

　- 擤鼻涕不动手

　　손조차 사용하지 않고 코를 풀 정도로, 힘 안들이고 일을 처리하다.

　　　像擤鼻涕不动手一样,比喻做事情毫不费力。

- **식은 죽 먹기**

　- 小菜一碟

　　거리낌 없이 아주 쉽게 하는 모양을 비유

　　　像喝凉粥一样,比喻非常容易的事情。

- **쉽기가 손바닥 뒤집기다**

　- 易如反掌

　　손바닥 뒤집기처럼 간단하다.

　　　像翻一下手掌一样,比喻事情非常容易办。

제13장

부정문 否定句

 부정문 否定句

🐼 **부정문의 기본**
基本否定句

부정문은 크게 3가지가 있다. : '**안**' 부정문, '**못**' 부정문, '**말다**' 부정문

否定句大致有3种 。   : '**안**' 否定句, '**못**' 否定句, '**말다**' 否定句

⑴ 동사의 '**안**' 부정문

⑴ 动词的 '**안**' 否定句

– 사실을 부정하거나 실행 의지가 없어서 행위를 실행하지 않고 있음을 표현한다.

– 表示否定事实或者因为没有动作行为意志,不进行或没进行动作行为。

① 동사 앞에 '**안**'을 추가하여 부정문을 나타낸다.

① 在动词的前面,添加 '**안**', 来表示否定句。

② 어간과 어미 사이에 '–지 않–'을 삽입한다.

② 在词干和词尾的中间,添加 '–지 않–'。

긍정문 肯定句		부정문 ① 否定句 ①	부정문 ② 否定句 ②
가다	(기본형)	안 가다	가지 않다
去	(基本形)	不去	不去
간다	(현재형)	안 간다	가지 않는다
去	(现在时)	不去	不去
가고 있다	(현재 진행형)	안 가고 있다	가고 있지 않다
在去	(现在进行时)	没在去	没在去

긍정문 肯定句		부정문 ① 否定句 ①	부정문 ② 否定句 ②
갔다	(과거형)	안 갔다	가지 않았다
去了	(过去时)	没去	没去
가고 있었다	(과거 진행형)	안 가고 있었다	가고 있지 않았다
在去	(过去进行时)	没在去	没在去
갔었다	(과거 완료형)	안 갔었다	가지 않았었다
去过	(过去完成时)	没去过	没去过
가겠다	(미래형)	안 가겠다	가지 않겠다
要去/想去	(将来时)	不想去	不想去
가고 있겠다	(미래 진행형)	안 가고 있겠다	가고 있지 않겠다
可能在去	(将来进行时)	可能不去	可能不去
오다	(기본형)	안 오다	오지 않다
来	(基本形)	不来	不来
온다	(현재형)	안 온다	오지 않는다
来	(现在时)	不来	不来
오고 있다	(현재 진행형)	안 오고 있다	오고 있지 않다
在来	(现在进行时)	没在来	没在来
왔다	(과거형)	안 왔다	오지 않았다
来了	(过去时)	没来	没来
오고 있었다	(과거 진행형)	안 오고 있었다	오고 있지 않았다
在来	(过去进行时)	没在来	没在来
왔었다	(과거 완료형)	안 왔었다	오지 않았었다
来过	(过去完成时)	没来过	没来过
오겠다	(미래형)	안 오겠다	오지 않겠다
要来/想来	(将来时)	不想来	不想来
오고 있겠다	(미래 진행형)	안 오고 있겠다	오고 있지 않겠다
可能在来	(将来进行时)	可能不来	可能不来
먹다(기본형)		안 먹다	먹지 않다
吃	(基本形)	不吃	不吃
먹는다	(현재형)	안 먹는다	먹지 않는다
吃	(现在时)	不吃	不吃
먹고 있다	(현재 진행형)	안 먹고 있다	먹고 있지 않다
在吃	(现在进行时)	没在吃	没在吃

긍정문 肯定句		부정문 ① 否定句 ①	부정문 ② 否定句 ②
먹었다	(과거형)	안 먹었다	먹지 않았다
吃了	(过去时)	没吃	没吃
먹고 있었다	(과거 진행형)	안 먹고 있었다	먹고 있지 않았다
在吃	(过去进行时)	没在吃	没在吃
먹었었다	(과거 완료형)	안 먹었었다	먹지 않았었다
吃过	(过去完成时)	没吃过	没吃过
먹겠다	(미래형)	안 먹겠다	먹지 않겠다
要吃/想吃	(将来时)	不想吃	不想吃
먹고 있겠다	(미래 진행형)	안 먹고 있겠다	먹고 있지 않겠다
可能在吃	(将来进行时)	可能不吃	可能不吃
입다	(기본형)	안 입다	입지 않다
穿	(基本形)	不穿	不穿
입는다	(현재형)	안 입는다	입지 않는다
穿	(现在时)	不穿	不穿
입고 있다	(현재 진행형)	안 입고 있다	입고 있지 않다
在穿	(现在进行时)	没在穿	没在穿
입었다	(과거형)	안 입었다	입지 않았다
穿了	(过去时)	没穿	没穿
입고 있었다	(과거 진행형)	안 입고 있었다	입고 있지 않았다
在穿	(过去进行时)	没在穿	没在穿
입었었다	(과거 완료형)	안 입었었다	입지 않았었다
穿过	(过去完成时)	没穿过	没穿过
입겠다	(미래형)	안 입겠다	입지 않겠다
要穿/想穿	(将来时)	不想穿	不想穿
입고 있겠다	(미래 진행형)	안 입고 있겠다	입고 있지 않겠다
可能在穿	(将来进行时)	可能不穿	可能不穿
하다	(기본형)	안 하다	하지 않다
做	(基本形)	不做	不做
한다	(현재형)	안 한다	하지 않는다
做	(现在时)	不做	不做
하고 있다	(현재 진행형)	안 하고 있다	하고 있지 않다
在做	(现在进行时)	没在做	没在做

긍정문 肯定句		부정문 ① 否定句 ①	부정문 ② 否定句 ②
했다	(과거형)	안 했다	하지 않았다
做了	(过去时)	没做	没做
하고 있었다	(과거 진행형)	안 하고 있었다	하고 있지 않았다
在做	(过去进行时)	没在做	没在做
했었다	(과거 완료형)	안 했었다	하지 않았었다
做过	(过去完成时)	没做过	没做过
하겠다	(미래형)	안 하겠다	하지 않겠다
要做/想做	(将来时)	不想做	不想做
하고 있겠다	(미래 진행형)	안 하고 있겠다	하고 있지 않겠다
可能在做	(将来进行时)	可能不做	可能不做

참고

부정문 ①은 단순 부정이라 하여 '사실 부정'에 초점을 둔 부정이고,

부정문 ②는 '사실 부정'과 '의도 부정' 두 가지 의미를 갖고 있어서 사실 부정 외에도 의지가
없어서 행위를 행하지 않는다 / 않았다는 의미도 있다.

参考

否定句①是单纯否定,重视'事实的否定'。否定句②有'事实的否定'和'意愿的否定'两个意思,
除了事实的否定以外,还有因为没有意愿,所以不进行或没进行动作行为的意思。

(2) 형용사의 '안' 부정문

　(2) 形容词的 '안' 否定句

　① 형용사 앞에 '안'을 넣는다.

　　① 在形容词的前面, 添加 '안'。

　② 어간과 어미 '다' 사이에 '-지 않-'을 삽입한다.

　　② 在词干和词尾的中间, 添加 '-지 않-'。

긍정문 肯定句		부정문 ① 否定句 ①	부정문 ② 否定句 ②
높다	(기본형)	안 높다	높지 않다
高	(基本形)	不高	不高
높았다	(과거형)	안 높았다	높지 않았다
高	(过去时)	不高	不高
높았었다	(과거 완료형)	안 높았었다	높지 않았었다
高	(过去完成时)	不高	不高
높겠다	(미래형)	안 높겠다	높지 않겠다
可能会高,应该会高	(将来时)	不会高	不会高
늦다	(기본형)	안 늦다	늦지 않다
晚	(基本形)	不晚	不晚
늦었다	(과거형)	안 늦었다	늦지 않았다
晚	(过去时)	不晚	不晚
늦었었다	(과거 완료형)	안 늦었었다	늦지 않았었다
晚	(过去完成时)	不晚	不晚
늦겠다	(미래형)	안 늦겠다	늦지 않겠다
可能会晚,应该会晚	(将来时)	不会晚	不会晚
예쁘다	(기본형)	안 예쁘다	예쁘지 않다
漂亮	(基本形)	不漂亮	不漂亮
예뻤다	(과거형)	안 예뻤다	예쁘지 않았다
漂亮	(过去时)	不漂亮	不漂亮
예뻤었다	(과거 완료형)	안 예뻤었다	예쁘지 않았었다
漂亮	(过去完成时)	不漂亮	不漂亮
예쁘겠다	(미래형)	안 예쁘겠다	예쁘지 않겠다
可能/应该会很漂亮	(将来时)	不会很漂亮	不会很漂亮
아름답다	(기본형)	#	아름답지 않다
美丽	(基本形)		不美丽
아름다웠다	(과거형)		아름답지 않았다
美丽	(过去时)		不美丽
아름다웠었다	(과거 완료형)		아름답지 않았었다
美丽	(过去完成时)		不美丽
아름답겠다	(미래형)		아름답지 않겠다
可能/应该会很美丽	(将来时)		不会很美丽

\# '아름답다'처럼 음절이 긴 경우는 '안' 형태의 부정문①은 부자연스럽기 때문에 잘 사용하지 않고,
  '-지 않-' 형태의 부정문 ②을 많이 사용한다.

  \# 像 '아름답다'一样的长音节生词,用否定句① '안'形态会很不自然,
    所以不常用 '안'形态的否定句①,常用 '-지 않-'形态的否定句②。

48

(3) '(이)다'의 부정문 '〜가/이 아니다'

(3) '(이)다'的否定句 '〜가/이 아니다'

　　㉠ '(이)다' 앞 체언이 모음으로 끝난 경우는 '〜가 아니다' 로,

　　　㉠ '–(이)다' 前面的体词, 以母音结束的话, 用 '〜가 아니다',

　　㉡ '(이)다' 앞 체언이 자음으로 끝난 경우는 '〜이 아니다'로 부정형을 나타낸다.

　　　㉡ '(이)다'前面的体词, 以子音结束的话, 用 '〜이 아니다'表示否定句。

　'(이)다' 부정문의 '아니다'는 '아니–' 를 어간으로 하고, '–다' 를 어미로
하여 어미 변화로 시제를 나타낸다.

　　'(이)다' 否定句 '아니다'的 '아니–'是 '词干', '–다'是 '词尾'。用词尾 '–다'的
变化, 来表示时态。

긍정문 肯定句		부정문 否定句
친구다	(기본형)	친구가 아니다
是朋友	(基本形)	不是朋友
친구였다	(과거형)	친구가 아니었다
是朋友	(过去时)	不是朋友
친구였었다	(과거 완료형)	친구가 아니었었다
以前是朋友	(过去完成时)	以前不是朋友
친구겠다	(미래형)	친구가 아니겠다
可能是朋友	(将来时)	可能不是朋友
학생이다	(기본형)	학생이 아니다
是学生	(基本形)	不是学生
학생이었다	(과거형)	학생이 아니었다
是学生	(过去时)	不是学生
학생이었었다	(과거 완료형)	학생이 아니었었다
以前是学生	(过去完成时)	以前不是学生
학생이겠다	(미래형)	학생이 아니겠다
会是学生	(将来时)	不会是学生

긍정문 肯定句		부정문 ② 否定句 ②
논이다	(기본형)	논이 아니다
是稻田	(基本形)	不是稻田
논이었다	(과거형)	논이 아니었다
是稻田	(过去时)	不是稻田
논이었었다	(과거 완료형)	논이 아니었었다
以前是稻田	(过去完成时)	以前不是稻田
논이겠다	(미래형)	논이 아니겠다
是稻田	(将来时)	不会是稻田
사랑이다	(기본형)	사랑이 아니다
是爱情	(基本形)	不是爱情
사랑이었다	(과거형)	사랑이 아니었다
是爱情	(过去时)	不是爱情
사랑이었었다	(과거 완료형)	사랑이 아니었었다
以前是爱情	(过去完成时)	以前不是爱情
사랑이겠다	(미래형)	사랑이 아니겠다
会是爱情	(将来时)	不会是爱情

(4) 동사의 '못' 부정문

(4) 动词的 '못' 否定句

'못' 부정문은 행위의 의지는 있으나, 능력이 부족해서 또는 상황이 곤란하여
행위를 실행할 수 없음을 표현.

'못'否定句表示有行为的意志,但是因为能力不足或有情况发生,
因而不能或没能进行某种动作行为。

① 동사 앞에 '못'을 추가하거나

① 动词的前面, 添加 '못'。

② 어간 뒤에 '-지 못하-'를 삽입하는 형태로 부정문을 만든다.

② 动词词干的后面,添加 '-지 못하-',来表示否定句。

긍정문 肯定句		부정문 ① 否定句 ①	부정문 ② 否定句 ②
가다	(기본형)	**못** 가다	**가지 못하다**
去	(基本形)	不能去/去不了	不能去/去不了
간다	(현재형)	**못** 간다	**가지 못한다**
去	(現在时)	不能去/去不了	不能去/去不了
가고 있다	(현재 진행형)	**못** 가고 있다	**가지 못하고 있다**
在去	(现在进行时)	要去,去不了	要去,去不了
갔다	(과거형)	**못** 갔다	**가지 못했다**
去	(过去时)	没能去	没能去
가고 있었다	(과거 진행형)	**못** 가고 있었다	**가지 못하고 있었다**
那时在去	(过去进行时)	那时没能去	那时没能去
갔었다	(과거 완료형)	**못** 갔었다	**가지 못했었다**
去过了	(过去完成时)	没能去成	没能去成
가겠다	(미래형)	**못** 가겠다	**가지 못하겠다**
要去	(将来时)	去不了	去不了
가고 있겠다	(미래 진행형)	**못** 가고 있겠다	가고 있지 **못하겠다**
将会去	(将来进行时)	将会去不了	将会去不了
먹다	(기본형)	**못** 먹다	**먹지 못하다**
吃	(基本形)	不能吃/吃不了	不能吃/吃不了
먹는다	(현재형)	**못** 먹는다	**먹지 못한다**
吃	(現在时)	不能吃/吃不了	不能吃/吃不了
먹고 있다	(현재 진행형)	**못** 먹고 있다	**먹지 못하고 있다**
在吃	(现在进行时)	要吃,吃不了	要吃,吃不了
먹었다	(과거형)	**못** 먹었다	**먹지 못했다**
吃	(过去时)	没能吃成	没能吃成
먹고 있었다	(과거 진행형)	**못** 먹고 있었다	**먹지 못하고 있었다**
那时在吃	(过去进行时)	那时没能吃	那时没能吃
먹었었다	(과거 완료형)	**못** 먹었었다	**먹지 못했었다**
吃过了	(过去完成时)	没能吃成	没能吃成
먹겠다	(미래형)	**못** 먹겠다	**먹지 못하겠다**
要吃	(将来时)	再也吃不下/吃不了	再也吃不下/吃不了
먹고 있겠다	(미래 진행형)	**못** 먹고 있겠다	먹고 있지 **못하겠다**
将会吃	(将来进行时)	将会吃不了	将会吃不了

긍정문 肯定句		부정문 ① 否定句 ①	부정문 ② 否定句 ②
입다 穿	(기본형) (基本形)	못 입다 不能穿 / 穿不了	입지 못하다 不能穿 / 穿不了
입는다 穿	(현재형) (现在时)	못 입는다 不能穿 / 穿不了	입지 못한다 不能穿 / 穿不了
입고 있다 在穿	(현재 진행형) (现在进行时)	못 입고 있다 要穿,没穿着	입지 못하고 있다 要穿,没穿着
입었다 穿	(과거형) (过去时)	못 입었다 没能穿	입지 못했다 没能穿
입고 있었다 那时在穿	(과거 진행형) (过去进行时)	못 입고 있었다 那时没能穿	입지 못하고 있었다 那时没能穿
입었었다 穿过了	(과거 완료형) (过去完成时)	못 입었었다 没能穿过	입지 못했었다 没能穿过
입겠다 要穿	(미래형) (将来时)	못 입겠다 穿不了	입지 못하겠다 穿不了
입고 있겠다 可能在穿	(미래 진행형) (将来进行时)	못 입고 있겠다 将会穿不了	입고 있지 못하겠다 将会穿不了
하다 做	(기본형) (基本形)	못하다 不能做 / 做不了	하지 못하다 不能做 / 做不了
한다 做	(현재형) (现在时)	못한다 不能做 / 做不了	하지 못한다 不能做 / 做不了
하고 있다 在做	(현재 진행형) (现在进行时)	못하고 있다 要做,做不了	하지 못하고 있다 要做,做不了
했다 做	(과거형) (过去时)	못했다 没能做	하지 못했다 没能做
하고 있었다 那时在做	(과거 진행형) (过去进行时)	못하고 있었다 那时没能做	하지 못하고 있었다 那时没能做
했었다 做过了	(과거 완료형) (过去完成时)	못했었다 没能做过	하지 못했었다 没能做过
하겠다 要做	(미래형) (将来时)	못하겠다 不能做,做不了	하지 못하겠다 不能做,做不了
하고 있겠다 可能在做	(미래 진행형) (将来进行时)	못하고 있겠다 将不会做	하고 있지 못하겠다 将不会做

형용사의 '못' 부정문 형태는 없다.

　# 没有形容词的 '못' 否定句。

⑸ '**말다**' 부정문

⑸ '**말다**' 否定句

– 행위를 제재하거나 불허하는 명령형이나 권유형에 사용한다.

　– 用在命令句和劝导句中,来表示制止或不允许做某个动作。

– 어간 뒤에 '**–지 말다**'를 삽입한 것이 기본 형태이나 기본형은 잘 사용되지 않고

　명령형이나 권유형으로 자주 표현된다. 　　　　　　　　　　(# 참고 제 15 장 명령 / 청유문)

　– 在动词词干的后面, 添加 '**–지 말다**',这就是基本形.但是不常使用基本形,

　　常用命令句或劝导句的形式。　　　　　　　　　(# 参考 第 15 章 命令句 / 劝导句)–

– '**말다**' 부정문의 시제는 현재, 미래 형태로만 사용되며 동사에만 적용하는 표현이다.

　– '**말다**'否定句,只有现在时和将来时,没有过去时,只用于动词。

긍정문 肯定句		부정문((△)는 잘 사용하지 않는 표현) 否定句((△)表示不常用的表现)
가다 去	(기본형) (基本形)	가지 말다(△)
가라 去	(현재 / 미래 명령형) (現在 / 将来 命令句)	가지 마라 / 말아라 / 마시오 别去
가자/갑시다 去吧	(현재 / 미래 권유형) (現在 / 将来 劝导句)	가지 말자 / 맙시다 / 말아요 别去了
먹다 吃	(기본형) (基本形)	먹지 말다(△)
먹어라 吃	(현재 / 미래 명령형) (現在 / 将来 命令句)	먹지 마라 / 말아라 / 마시오 别吃
먹읍시다 吃吧	(현재 / 미래 권유형) (現在 / 将来 劝导句)	먹지 말자 / 맙시다 / 말아요 别吃了
입다 穿	(기본형) (基本形)	입지 말다(△)
입어라 穿	(현재 / 미래 명령형) (現在 / 将来 命令句)	입지 마라 / 말아라 / 마시오 别穿
입읍시다 穿吧	(현재 / 미래 권유형) (現在 / 将来 劝导句)	입지 말자 / 맙시다 / 말아요 别穿了
하다 做	(기본형) (基本形)	하지 말다(△)
해라 做	(현재 / 미래 명령형) (現在 / 将来 命令句)	하지 마라 / 말아라 / 마시오 别做
합시다 做吧	(현재 / 미래 권유형) (現在 / 将来 劝导句)	하지 말자 / 맙시다 / 말아요 别做了

'-지 말다'의 기본형은 잘 사용하지 않으나

'-지 말고' 형태로, 대안을 제시하는 선택 연결문에 사용된다.

'-지 말다'的基本形不常用,常用 '-지 말고'的选择句形式来提示别的意见。

예 라면을 먹지 말고 밥을 먹어라.

例子) 别吃方便面,吃饭吧。

(#참고 제18장 문장의 연결)

(#参考 第18章 句子的连接)

🐼 부정문과 잘 어울리는 부사
跟否定句搭配的副词

'별로', '그다지', '미처', '차마', '아무도', '절대로' 등의 부사는

단어들이 갖고 있는 속성이 좋지 않은 의미가 있어서 부정문에서만 사용한다.

'별로'(不怎么),'그다지'(不那么),'미처'(来不及,还没做~),'차마'(不忍心),

'아무도'(谁也没~),'절대(로)'(绝对没~)等的副词,

原来都有些不太好的意思,所以只用在否定句。

① 저 옷의 색상은 **별로** 좋지 않다.

   ① 那件衣服的颜色不怎么样。

①' 저 옷의 색상은 **별로** 좋다.　　（×）

'별로' + 긍정문 （×）

'별로' + 肯定句 （×）

② 시간이 없어서 **미처** 말하지 못했다.

   ② 没有时间,所以没来得及说。

②' 시간이 없어서 미처 말을 하였다.（×）

'미처' + 긍정문 （×）

'미처' + 肯定句 （×）

③ 그가 간절하게 부탁을 해서 **차마** 거절할 수가 없었다.

   ③ 他恳切地请求,不忍推辞。

③' 그가 간절하게 부탁을 해서 **차마** 거절하였다.（×）

④ 영희의 생일에 **아무도** 오지 않았다.

   ④ [英喜]的生日谁也没来。

🐼 부정문의 예문
否定句的例句

⑤ 숙제를 안 했다.　　　　　숙제를 안 했다는 사실에 초점　　　사실 부정

⑤ 没做作业。　　　　　　　　强调'没做作业'的事　　　　　　事实否定

⑤' 숙제를 하지 **않았다**.　　　　의지가 없었음도 표현　　　사실 부정 + 의지 부정

　　⑤' 没做作业。　　　　　　　强调'没有意志'　　　　　事实否定 + 意志否定

⑤" 숙제를 미처 하지 **못했다.**　　능력이나 상황 문제로 숙제를 못함　　능력 부정

　　⑤" 没来得及做作业。　　　因为能力或有情况发生, 没能做作业　能力否定

⑥ 오늘 학교를 가지 **않는다.**　　　　　　　　　　　　현재 부정

　　⑥ 今天不上学。　　　　　　　　　　　　　　　現在否定

⑦ 비가 오면 밖으로 외출하지 **않았었다.**　　　　　　　과거 완료 부정

　　⑦ 下雨了, 就没出成门。　　　　　　　　　　过去完成否定

⑧ 이제는 나이가 들어 잘 들리지 **않는다.**　　　　　　　현재 부정

　　⑧ 现在年纪大了, 听不清了。　　　　　　　　現在否定

⑨ 아이는 아직 옷을 혼자 입지 **못한다.**　　　　현재 부정, 능력 부정

　　⑨ 孩子还不能自己穿衣服。　　　　　　現在否定, 能力否定。

⑩ 영희는 그 당시 안 **예뻤다.**　　　　　　　　'안' 형용사 부정 ①

　　⑩ [英喜]当时不漂亮。　　　　　　　　'안' 形容词否定 ①

⑩' 영희는 그 당시 예쁘지 **않았다.**　　　　　형용사 부정문 ② 형태

　　⑩' [英喜]当时不漂亮。　　　　　　形容词否定句 ② 形式

⑩" 영희는 그 당시 못 예뻤다. (×)　　　　'못 + 형용사 부정'은 없다.

　　　　　　　　　　　　　　　没有'못 + 形容词'否定式

⑪ 영희는 어렸을 때 아름답지 **않았었다.** (○)

　　⑪ [英喜]小时候不漂亮。

⑪' 영희는 어렸을 때 안 아름다웠었다.　(△)#

　　　# 긴 음절 형용사의 부정문 ① 형태는 부자연스럽다.
　　　　# 长音节形容词的否定句 ① 形态不自然, 不常用。

⑫ 어려울 때 도와주지 않는 친구는 더 이상 친구가 **아니다.**　　'이다' 의 부정

　　⑫ 困难时, 不帮忙的朋友不再是朋友。　　　　　　'이다' 的否定式

⑬ 이제 그 남자를 만나지 **마라.** (○)　　　　동사 어간 + '−지 마라'

　　⑬ 今后不要再见他了。　　　　　　动词词干 + '−지 마라'

⑭ 더 이상 예쁘지 마라.　　　(×)　　'말라'는 형용사와 연결되지 않는다.

⑮ 이제 학생이지 마라. (×)

'말라'不能与形容词连接。

'말라'는 '이다'와 연결되지 않는다.

'말라'不能与 '이다'连接。

빵을 안 먹는다.
不吃面包。

나가지 못하다.
不能出去。

나가지 마라!
别出去!

56

01 다음 중에서 부정문을 잘못 표현한 것은 어느 것인가?

下面例句中, 哪个是**表达错误的否定句**?

① 먹는다 – 먹지 않는다

② 먹었다 – 안 먹었다

③ 입었다 – 안 입지 있었다

④ 말하고 있겠다 – 말하고 있지 않겠다

02 다음 중 행동 주체자의 의지가 가장 많이 반영되어 있는 부정문은 어느 것인가?

下面例句中, 哪个**是反映行动主体意志最多的否定句**?

① 그는 오지 못한다   ② 그는 오지 않는다

③ 그는 못 온다   ④ 그가 올지 안 올지 모른다

03 다음 문장에서 행동 주체자의 주변 상황이 좋지 않아서 행동을 하지 않음을 반영하고 있는 부정문은 어느 것인가?

下面例句中, 哪个是反映因为不好的状况, 行动主体**不能进行行动的否定句**?

① 그는 안 온다   ② 그는 오지 않는다

③ 그는 못 온다   ④ 그가 올지 안 올지 모른다

04 다음 중에서 부정문을 잘못 표현한 것은 어느 것인가?

下面例句中, 哪个是**表达错误的否定句**?

① 가고 있었다 – 가고 있지 않았다

② 가고 있었다 – 가지 못하고 있었다

③ 시계가 늦었었다 – 늦지 않았었다

④ 시계가 늦었었다 – 늦지 못하고 있었다

05 **다음 중에서 부정문의 올바른 표현을 모두 고르시오.**

请全部选出下面例句中,表达**正确的否定句**。

① 사랑이다   —   사랑이 못하다

② 논이었다   —   논이 아니었다

③ 가라   —   가지 마라

④ 예뻐라   —   예쁘지 마라

06 **다음 예문의 (   ) 에 들어 갈 내용이 올바른 조합은 어느 것인가?**

下面例句中,括号内的内容**使用正确的**一句是哪个？

예문(例句) : 그 옷의 색상은 별로 (㉠ 좋다). 그러나 차마 (㉡ 말하다).

①   ㉠ 좋았다   ㉡ 말했다

②   ㉠ 좋지 않았다   ㉡ 말했다

③   ㉠ 좋았다   ㉡ 말하지 못했다

④   ㉠ 좋지 않았다   ㉡ 말하지 못했다

01 ③ : ③ 입었다 – 안 입지 있었다 (X) '안 입었다'(O), '입지 않았다'(O)
　　　　　　穿　　　　　　　　　　没穿　　　　　　　没穿
　　　① 먹는다 – 먹지 않는다 (현재 부정)
　　　　　吃　　　不吃　　　　　(现在否定)
　　　② 먹었다 – 안 먹었다 (과거 부정)
　　　　　吃　　　没吃　　　　(过去否定)
　　　④ 말하고 있겠다 – 말하고 있지 않겠다 (미래 진행 부정)
　　　　　将会说　　　　将不会说　　　　(将来进行否定)

02 ② : ② '그는 오지 않는다'는 사실 부정과 의지 부정을 나타낸다.
　　　 : ② '그는 오지 않는다' (他不来)表示'事情否定'和'意志否定'。
　　　① '그는 오지 못한다'와 ③ '그는 못 온다'는 능력이 안되거나
　　　　　상황이 문제가 되어 오지 않는다는 표현이다. 　　　능력 부정
　　　① '그는 오지 못한다'(他不能来)和③ '그는 못 온다'(他不能来)表示,
　　　　　因为没有能力或有情况发生不能来。　　　　　能力的否定
　　　④ '그가 올지 안 올지 모른다'는 '그가 온다'는 확신이 없는 표현이다.
　　　　④ '그가 올지 안 올지 모른다'(不知道他来不来)表示不能确定他是否会来。

03 ③ :

04 ④ : ④ 시계가 늦었었다　　　 ④ 형용사의 '못' 부정 형태는 없다.
　　　　　　表慢了　　　　　　　　　没有形容词的 '못'否定句。

05 ②, ③ : ② 논이었다 – 논이 아니었다 ('–이다'의 과거 부정)
　　　　　　② 是稻田 – 不是稻田　('–이다'的过去否定)
　　　　　③ '가라' 명령형의 부정은 어간 + '–지 마라' 형태. '가지 마라'
　　　　　　③ '가라' (去吧)命令句的否定是 '词干 + –지 마라'. '가지 마라'(别去)
　　　　① '사랑이다'의 부정은 '사랑이 아니다'가 올바른 표현임.
　　　　　'이다'는 '못' 부정 형태가 없다.
　　　　① '사랑이다' 的否定句 '사랑이 아니다' 是正确的。没有 '이다'的 '못' 否定句。
　　　　④ '예쁘다' 등의 형용사의 '–지 마라' 형태의 부정은 없다.
　　　　④ 没有 '예쁘다' 等形容词的 '–지 마라'否定句。

06 ④ : '그 옷의 색상은 별로 좋지 않았다. 그러나 차마 말하지 못했다.'
　　　 : 那件衣服的颜色不太好,可不好意思说。

제14장

의문문 疑问句

 의문문 종류 疑问句的种类

> 의문문에는 크게 판정 의문문과 설명 의문문이 있다.
> 疑问句分有两大部分,判定疑问句和说明疑问句。

🐼 판정 의문문
判定疑问句

⑴ 상황이나 의사를 물어서 긍정 또는 부인의 대답을 요하는 의문문이다.

⑴ 询问情况或意思,要求肯定或否认回答的疑问句。

대답은 '예 / 아니오', '네 / 아니오', '그렇다 / 아니다' 또는

해당 의문문에 대한 '긍정문 / 부정문'으로 대답한다

用'예 / 아니오'(是的 / 不是), '네 / 아니오'(是的/不是), '그렇다 / 아니다'

(对 / 不对) 来回答,或者用那个疑问句的'肯定句 / 否定句'来回答。

⑵ 형태

⑵ 形态

㉠ 긍정문, 부정문의 어미 '-다 / ㄴ다 / 는다'를 '~니?'로 대체하거나,

㉠ 用 '~니?'代替肯定句 / 否定句的词尾 '- 다 / ㄴ다 / 는다',

㉡ 긍정문, 부정문의 어미 '- 다 / ㄴ다 / 는다'를 '-ㅂ니까? / 습니까?'로 대체
하여 좀 더 공식적이고 정중한 의문문으로 변환한다.

㉡ 用 '-ㅂ니까? / 습니까?' 代替肯定句 / 否定句的词尾 '- 다 / ㄴ다 / 는다',
来表示正式和郑重语气的疑问句。

㉠ 의 '~니?' 형태는 동등 수준이거나 아래 사람에게 사용한다.

㉠ '~니?' 的形式对同级或下级的人使用。

ㄴ 의 '- ㅂ니까? / 습니까?'는 동등 또는 그 이상의 사람에게 사용한다.
ㄴ 的 '- ㅂ니까? / 습니까?'的形式,对同级或上级的人使用。

(3) 동사의 의문문
(3) 动词疑问句

긍정문 / 부정문 肯定句 / 否定句		의문문① 疑问句①	의문문② 疑问句②
가다 去	(기본형) (基本形)	가니? 去吗?	갑니까? 去吗?
간다 去	(현재형) (现在时)	가니? 去吗?	갑니까? 去吗?
가고 있다 在去	(현재 진행형) (现在进行时)	가고 있니? 在去吗?	가고 있습니까? 在去吗?
갔다 去	(과거형) (过去时)	갔니? 去了吗?	갔습니까? 去了吗?
가고 있었다 那时在去	(과거 진행형) (过去进行时)	가고 있었니? 那时在去吗?	가고 있었습니까? 那时在去吗?
갔었다 去过了	(과거 완료형) (过去完成时)	갔었니? 去过了吗?	갔었습니까? 去过了吗?
가겠다 想去	(미래형) (将来时)	가겠니? 想去吗?	가겠습니까? 想去吗?
가고 있겠다 将会去	(미래 진행형) (将来进行时)	가고 있겠니? 将会去吗?	가고 있겠습니까? 将会去吗?
안 가다 不去	(기본형 부정) (基本形否定)	안 가니? 不去吗?	안 갑니까? 不去吗?
가지 않다 不去	(기본형 부정) (基本形否定)	가지 않니? 不去吗?	가지 않습니까? 不去吗?
안 간다 不去	(현재형 부정) (现在时否定)	안 가니 不去吗?	안 갑니까? 不去吗?
가지 않는다 不去	(현재형 부정) (现在时否定)	가지 않니? 不去吗?	가지 않습니까? 不去吗?
안 가고 있다 没在去	(현재 진행 부정) (现在进行时否定)	안 가고 있니? 没在去吗?	안 가고 있습니까? 没在去吗?
가고 있지 않다 没在去	(현재진행부정) (现在进行时否定)	가고 있지 않니? 没在去吗?	가고 있지 않습니까? 没在去吗?

긍정문 / 부정문 肯定句 / 否定句	의문문① 疑问句①	의문문② 疑问句②
안 갔다　　　　　(과거 부정) 　没去　　　　　(过去时否定) 가지 않았다　　　(과거 부정) 　没去　　　　　(过去时否定) 안 가고 있었다 (과거 진행 부정) 　没在去　　　(过去进行时否定) 가고 있지 않았다 (과거진행부정) 　没在去　　　(过去进行时否定) 안 갔었다　　　(과거 완료 부정) 　没去过　　　(过去完成时否定) 가지 않았었다 (과거 완료 부정) 　没去过　　　(过去完成时否定)	안 갔니? 　没去吗? 가지 않았니? 　没去吗? 안 가고 있었니? 　没在去吗? 가고 있지 않았니? 　没在去吗? 안 갔었니? 　没去过吗? 가지 않았었니? 　没去过吗?	안 갔습니까? 　没去吗？ 가지 않았습니까? 　没去吗？ 안 가고 있었습니까? 　没在去吗？ 가고 있지 않았습니까? 　没在去吗？ 안 갔었습니까? 　没去过吗？ 가지 않았었습니까? 　没去过吗？
안 가겠다　　　　(미래 부정) 　不想去　　　　(将来时否定) 가지 않겠다　　　(미래 부정) 　不想去　　　　(将来时否定) 안 가고 있겠다 (미래 진행 부정) 　将不会去　　(将来进行时否定) 가고 있지 않겠다 (미래진행부정) 　将会不去　　(将来进行时否定)	안 가겠니? 　不想去吗? 가지 않겠니? 　不想去吗? 안 가고 있겠니? 　将不会去吗? 가고 있지 않겠니? 　将会不去吗?	안 가겠습니까? 　不想去吗？ 가지 않겠습니까? 　不想去吗？ 안 가고 있겠습니까? 　将不会去吗？ 가고 있지 않겠습니까? 　将会不去吗？
못 가다　　　　(기본형 부정) 　不能去　　　　(基本形否定) 가지 못하다　　(기본형 부정) 　不能去　　　　(基本形否定) 못 간다　　　　(현재형 부정) 　不能去　　　　(现在时否定) 가지 못한다　　(현재형 부정) 　不能去　　　　(现在时否定) 못 가고 있다 (현재 진행 부정) 　去不了　　　(现在进行时否定) 가지 못하고 있다 (현재진행부정) 　去不了　　　(现在进行时否定)	못 가니? 　不能去吗? 가지 못하니? 　不能去吗? 못 가니? 　不能去吗? 가지 못하니? 　不能去吗? 못 가고 있니? 　去不了吗? 가지 못하고 있니? 　去不了吗?	못 갑니까? 　不能去吗？ 가지 못합니까? 　不能去吗？ 못 갑니까? 　不能去吗？ 가지 못합니까? 　不能去吗？ 못 가고 있습니까? 　去不了吗？ 가지 못하고 있습니까? 　去不了吗？

긍정문 / 부정문 肯定句 / 否定句	의문문① 疑问句①	의문문② 疑问句②
못 갔다　　　　　(과거 부정) 　没能去　　　(过去时否定)	못 갔니? 　没能去吗?	못 갔습니까? 　没能去吗?
가지 못했다　　　(과거 부정) 　没能去　　　(过去时否定)	가지 못했니? 　没能去吗?	가지 못했습니까? 　没能去吗?
못 가고 있었다 (과거 진행 부정) 　那时没能在去(过去进行时否定)	못 가고 있었니? 　那时没能在去吗?	못 가고 있었습니까? 　那时没能在去吗?
가지 못하고 있었다(과거진행부정) 　那时没能在去 (过去进行时否定)	가지 못하고 있었니? 　那时没能在去吗?	가지 못하고 있었습니까? 　那时没能在去吗?
못 갔었다　　　(과거 완료 부정) 　没能去成　　(过去完成时否定)	못 갔었니? 　没能去成吗?	못 갔었습니까? 　没能去成吗?
가지 못했었다　(과거 완료 부정) 　没能去成　(过去完成时否定)	가지 못했었니? 　没能去成吗?	가지 못했었습니까? 　没能去成吗?
못 가겠다　　　　(미래 부정) 　去不了　　　(将来时否定)	못 가겠니? 　去不了吗?	못 가겠습니까? 　去不了吗?
가지 못하겠다　　(미래 부정) 　去不了　　　(将来时否定)	가지 못하겠니? 　去不了吗?	가지 못하겠습니까? 　去不了吗?
못 가고 있겠다 (미래 진행 부정 　可能去不了(将来进行时否定)	못 가고 있겠니? 　可能去不了吗?	못 가고 있겠습니까? 　可能去不了吗?
가고 있지 못하겠다(미래진행부정) 　将会去不了 (将来进行时否定)	가고 있지 못하겠니? 　将会去不了吗?	가고 있지 못하겠습니까? 　将会去不了吗?
먹다　　　　　　(기본형) 　吃　　　　　(基本形)	먹니? 　吃吗?	먹습니까? 　吃吗?
먹는다　　　　　(현재형) 　吃　　　　　(现在时)	먹니? 　吃吗?	먹습니까? 　吃吗?
먹고 있다　　(현재 진행형) 　在吃　　　(现在进行时)	먹고 있니? 　在吃吗?	먹고 있습니까? 　在吃吗?
먹었다　　　　　(과거형) 　吃　　　　　(过去时)	먹었니? 　吃了吗?	먹었습니까? 　吃了吗?
먹고 있었다　(과거 진행형) 　那时在吃　(过去进行时)	먹고 있었니? 　那时在吃吗?	먹고 있었습니까? 　那时在吃吗?
먹었었다　　(과거 완료형) 　吃过了　　(过去完成时)	먹었었니? 　吃过了吗?	먹었었습니까? 　吃过了吗?
먹겠다　　　　　(미래형) 　想吃　　　　(将来时)	먹겠니? 　想吃吗?	먹겠습니까? 　想吃吗?
먹고 있겠다　(미래 진행형) 　将会在吃　(将来进行时)	먹고 있겠니? 　将会在吃吗?	먹고 있겠습니까? 　将会在吃吗?

긍정문 / 부정문 肯定句 / 否定句	의문문① 疑问句①	의문문② 疑问句②
안 먹다　　　　(기본형 부정) 不吃　　　　　(基本形否定) 먹지 않다　　　(기본형 부정) 不吃　　　　　(基本形否定) 안 먹는다　　　(현재형 부정) 不吃　　　　　(现在时否定) 먹지 않는다　　(현재형 부정) 不吃　　　　　(现在时否定)	안 먹니? 不吃吗？ 먹지 않니? 不吃吗？ 안 먹니? 不吃吗？ 먹지 않니? 不吃吗？	안 먹습니까? 不吃吗？ 먹지 않습니까? 不吃吗？ 안 먹습니까? 不吃吗？ 먹지 않습니까? 不吃吗？
안 먹고 있다　　(현재 진행 부정) 没在吃　　　　(现在进行时否定) 먹고 있지 않다　(현재진행부정) 没在吃　　　　(现在进行时否定) 안 먹었다　　　(과거 부정) 没吃　　　　　(过去时否定) 먹지 않았다　　(과거 부정) 没吃　　　　　(过去时否定) 안 먹고 있었다 (과거 진행 부정) 没在吃　　　　(过去进行时否定) 먹고 있지 않았다 (과거진행부정) 没在吃　　　　(过去进行时否定) 안 먹었었다　　(과거 완료 부정) 没吃过　　　　(过去完成时否定) 먹지 않았었다　(과거 완료 부정) 没吃过　　　　(过去完成时否定) 안 먹겠다　　　(미래 부정) 不想吃　　　　(将来时否定) 먹지 않겠다　　(미래 부정) 不想吃　　　　(将来时否定) 안 먹고 있겠다 (미래 진행 부정) 会不吃　　　　(将来进行时否定) 먹고 있지 않겠다 (미래진행부정) 会不吃　　　　(将来进行时否定)	안 먹고 있니? 没在吃吗？ 먹고 있지 않니? 没在吃吗？ 안 먹었니? 没吃吗？ 먹지 않았니? 没吃吗？ 안 먹고 있었니? 没在吃吗？ 먹고 있지 않았니? 没在吃吗？ 안 먹었었니? 没在吃吗？ 먹지 않았었니? 没在吃吗？ 안 먹겠니? 不想吃吗？ 먹지 않겠니? 不想吃吗？ 안 먹고 있겠니? 会不吃吗？ 먹고 있지 않겠니? 会不吃吗？	안 먹고 있습니까? 没在吃吗？ 먹고 있지 않습니까? 没在吃吗？ 안 먹었습니까? 没吃吗？ 먹지 않았습니까? 没吃吗？ 안 먹고 있었습니까? 没在吃吗？ 먹고 있지 않았습니까? 没在吃吗？ 안 먹었었습니까? 没吃过吗？ 먹지 않았었습니까? 没吃过吗？ 안 먹겠습니까? 不想吃吗？ 먹지 않겠습니까? 不想吃吗？ 안 먹고 있겠습니까? 会不吃吗？ 먹고 있지 않겠습니까? 会不吃吗？
못 먹다　　　　(기본형 부정) 不能吃　　　　(基本形否定) 먹지 못하다　　(기본형 부정) 不能吃　　　　(基本形否定) 못 먹는다　　　(현재형 부정) 不能吃　　　　(现在时否定)	못 먹니? 不能吃吗？ 먹지 못하니? 不能吃吗？ 못 먹니? 不能吃吗？	못 먹습니까? 不能吃吗？ 먹지 못합니까? 不能吃吗？ 못 먹습니까? 不能吃吗？

긍정문 / 부정문 肯定句 / 否定句	의문문① 疑问句①	의문문② 疑问句②
먹지 못한다 　　　(현재형 부정) 不能吃 　　　　　(现在时否定) 못 먹고 있다 　　(현재 진행 부정) 吃不了 　　　　　(现在时否定) 먹지 못하고 있다 (현재진행부정) 吃不了 　　　　　(现在时否定)	먹지 못하니? 不能吃吗？ 못 먹고 있니? 吃不了吗？ 먹지 못하고 있니? 吃不了吗？	먹지 못합니까? 不能吃吗？ 못 먹고 있습니까? 吃不了吗？ 먹지 못하고 있습니까? 吃不了吗？
못 먹었다 　　　　(과거 부정) 没能吃成 　　　　(过去时否定) 먹지 못했다 　　　(과거 부정) 没能吃成 　　　　(过去时否定) 못 먹고 있었다 (과거 진행 부정) 那时没能在吃(过去进行时否定) 먹지 못하고 있었다(과거진행부정) 那时没能在吃(过去进行时否定) 못 먹었었다 　　(과거 완료 부정) 没能吃成 　　　(过去完成时否定) 먹지 못했었다 (과거 완료 부정) 没能吃成 　　　(过去完成时否定)	못 먹었니? 没能吃成吗？ 먹지 못했니? 没能吃成吗？ 못 먹고 있었니? 那时没能在吃吗？ 먹지 못하고 있었니? 那时没能在吃吗？ 못 먹었었니? 没能吃成吗？ 먹지 못했었니? 没能吃成吗？	못 먹었습니까? 没能吃成吗？ 먹지 못했습니까? 没能吃成吗？ 못 먹고 있었습니까? 那时没能在吃吗？ 먹지 못하고 있었습니까? 那时没能在吃吗？ 못 먹었었습니까? 没能吃成吗？ 먹지 못했었습니까? 没能吃成吗？
못 먹겠다 　　　　(미래 부정) 吃不了 　　　　　(将来时否定) 먹지 못하겠다 　　(미래 부정) 吃不了 　　　　　(将来时否定) 못 먹고 있겠다 (미래 진행 부정) 会吃不了 　　(将来进行时否定) 먹고 있지 못하겠다(미래 진행 부정) 会吃不了 　　(将来进行时否定)	못 먹겠니? 吃不了吗？ 먹지 못하겠니? 吃不了吗？ 못 먹고 있겠니? 会吃不了吗？ 먹고 있지 못하겠니? 会吃不了吗？	못 먹겠습니까? 吃不了吗？ 먹지 못하겠습니까? 吃不了吗？ 못 먹고 있겠습니까? 会吃不了吗？ 먹고 있지 못하겠습니까? 会吃不了吗？

\# 구어체에서는 어간에 '-아 / 어?'의 어미를 연결하는 의문문도 많이 사용한다.

(친구 사이나 손아래 사람에게 사용)

\# 词干跟词尾'-아 / 어?'连接的疑问句也常用于口语.(用于朋友间或者下级)

　　　어간 마지막 모음이 양성이면 '+ -아?'　　　가? (가- + -아?)

　　　词干最后一个母音是阳性的话, '+ -아?'　　　가? (가- + -아?)

　　　어간 마지막 모음이 음성/중성이면 '+ -어?'　　먹어? (먹- + -어?)

　　　词干最后一个母音是阴性/中性的话, '+ -어?'　　먹어? (먹- + -어?)

(4) 동사 의문문 예문

(4) 动词疑问句例句

① 철수는 도서관에 있니?

① [哲洙]在图书馆里吗？

긍정 대답 : '예'#1 또는 ' 예, 있습니다'.

肯定回答 : '예'#1(是的)或 '예, 있습니다'.(是的,在)

부인 대답 : '아니오'#1 또는 '아니오, 없습니다'.

否认回答 : '아니오'#1(不在), 或 '아니오, 없습니다'.(不在)

#1 판정 의문문에 대한 대답은 '예 / 아니오', '그렇다 / 아니다' 또는
해당 의문문에 대한 '긍정문 / 부정문'으로 대답한다.

#1 对判定疑问句的回答是 '예 / 아니오'(是的/不是), 用'그렇다 /아니다'(对/不对)
或者用疑问句的肯定式 / 否定式, 来回答。

② 철수는 학교에 <u>안 가니</u>?

② [哲洙]不上学校吗？

긍정 대답 : '예' 또는 '예, 안 갑니다'.#2

肯定回答 : '예'(是的) '예, 안 갑니다'.(是的,不去)#2

부인 대답 : '아니오' 또는 '아니오, 갑니다'.#2

否认回答 : '아니오'(不是) 或 '아니오, 갑니다'.(不是,要去) #2

③ 병원에 아직 <u>못 갔습니까</u>?

③ 还没去医院吗？

긍정 대답 : '예' 또는 '예, 아직 못 갔습니다'.#2

肯定回答 : '예'(是的)或 '예, 아직 못 갔습니다'.(是的,还没去。)#2

부인 대답 : '아니오' 또는 '아니오, 벌써 갔습니다'.#2

否认回答 : '아니오(不是)'或 '아니오, 벌써 갔습니다'.(不是,已经去了。)#2

#2 의문문의 형태가 긍정문이던 부정문이던 의문문의 **내용이 맞으면 '예'**
내용이 다르면 '아니오'로 대답한다.

#2 不管疑问句的形式是肯定句还是否定句, **疑问句的内容正确的话,**
回答 '예'(是的),疑问句的内容不正确的话,回答 '아니오' (不是)。

④ 어제 아침에 밥을 먹고 <u>있지 않았니?</u> #3

　④ 昨天早上不是在吃饭吗？#3

긍정 대답 : '예' 또는 '예, 먹고 있었습니다'.

　否定回答 : '예'(是的) 或 '예, 먹고 있었습니다'.(是的, 在吃饭。)

부인 대답 : '아니오' 또는 '아니오, 먹고 있지 않았습니다'.

　否定回答 : '아니오'(不是) 或

　　　'아니오, 먹고 있지 않았습니다'.(不是, 没在吃饭)

#3 ④는 이미 알고 있는 내용을 반문하는 것으로 긍정문으로 물어 보는 것과 같다.
#3 疑问句④是反问已经确信的内容, 跟肯定疑问句一样。

(5) 형용사 의문문

　形容词疑问句

긍정문 / 부정문 肯定句 / 否定句		의문문① 疑问句①	의문문② 疑问句②
높다	(기본형)	높니?	높습니까?
高	(基本形)	高吗?	高吗?
높다	(현재형)	높니?	높습니까?
高	(现在时)	高吗?	高吗?
높았다	(과거형)	높았니?	높았습니까?
高	(过去时)	高吗?	高吗?
높았었다	(과거 완료형)	높았었니?	높았었습니까?
高	(过去完成时)	高吗?	高吗?
높겠다	(미래형 추측)	높겠니?	높겠습니까?
会很高	(将来时推测)	会很高吗?	会很高吗?
안 높다	(기본형 부정)	안 높니?	안 높습니까?
不高	(基本形否定)	不高吗?	不高吗?
높지 않다	(기본형 부정)	높지 않니?	높지 않습니까?
不高	(基本形否定)	不高吗?	高吗?
안 높았다	(과거 부정)	안 높았니?	안 높았습니까?
不高	(过去时否定)	不高吗?	不高吗?
높지 않았다	(과거 부정)	높지 않았니?	높지 않았습니까?
不高	(过去时否定)	不高吗?	不高吗?

긍정문 / 부정문 肯定句 / 否定句	의문문① 疑问句①	의문문② 疑问句②
안 높았었다　　(과거 완료 부정) 不高　　　　　(过去完成时否定)	안 높았었니? 不高吗?	안 높았었습니까? 不高吗?
높지 않았었다　(과거 완료 부정) 不高　　　　　(过去完成时否定)	높지 않았었니? 不高吗?	높지 않았었습니까? 不高吗?
안 높겠다　　　　(미래 부정) 不会很高　　　　(将来时否定)	안 높겠니? 不会很高吗?	안 높겠습니까? 不会很高吗?
높지 않겠다　　　(미래 부정) 不会很高　　　　(将来时否定)	높지 않겠니? 不会很高吗?	높지 않겠습니까? 不会很高吗?
예쁘다　　　　　　(기본형) 漂亮　　　　　　　(基本形)	예쁘니? 漂亮吗?	예쁩니까? 漂亮吗?
예쁘다　　　　　　(현재형) 漂亮　　　　　　　(现在时)	예쁘니? 漂亮吗?	예쁩니까? 漂亮吗?
예뻤다　　　　　　(과거형) 漂亮　　　　　　　(过去时)	예뻤니? 漂亮吗?	예뻤습니까? 漂亮吗?
예뻤었다　　　　　(과거 완료형) 漂亮　　　　　　　(过去完成时)	예뻤었니? 漂亮吗?	예뻤었습니까? 漂亮吗?
예쁘겠다　　　　　(미래형-추측) 会很漂亮　　　　　(将来时-推测)	예쁘겠니? 会很漂亮吗?	예쁘겠습니까? 会很漂亮吗?
안 예쁘다　　　　(기본형 부정) 不漂亮　　　　　(基本形否定)	안 예쁘니? 不漂亮吗?	안 예쁩니까? 不漂亮吗?
예쁘지 않다　　　(기본형 부정) 不漂亮　　　　　(基本形否定)	예쁘지 않니? 不漂亮吗?	예쁘지 않습니까? 不漂亮吗?
안 예뻤다　　　　(과거 부정) 不漂亮　　　　　(过去时否定)	안 예뻤니? 不漂亮吗?	안 예뻤습니까? 不漂亮吗?
예쁘지 않았다　　(과거 부정) 不漂亮　　　　　(过去时否定)	예쁘지 않았니? 不漂亮吗?	예쁘지 않았습니까? 不漂亮吗?
안 예뻤었다　　　(과거 완료 부정) 不漂亮　　　　　(过去完成时否定)	안 예뻤었니? 不漂亮吗?	안 예뻤었습니까? 不漂亮吗?
예쁘지 않았었다(과거 완료 부정) 不漂亮　　　　　(过去完成时否定)	예쁘지 않았었니? 不漂亮吗?	예쁘지 않았었습니까? 不漂亮吗?
안 예쁘겠다　　　(미래 부정) 不会很漂亮　　　　(将来时否定)	안 예쁘겠니? 不会很漂亮吗?	안 예쁘겠습니까? 不会很漂亮吗?
예쁘지 않겠다　　(미래 부정) 不会很漂亮　　　　(将来时否定)	예쁘지 않겠니? 不会很漂亮吗?	예쁘지 않겠습니까? 不会很漂亮吗?

\# 구어체에서는 의문문①을 '- 아 / 어?' 형태도 많이 사용.

\# 用'- 아 / 어?' 代替疑问句①, 常用于口语。

높니? → 높아?(高吗?), 예쁘니? → 예뻐?(漂亮吗?) #¹(#¹'_' 불규칙)(#¹'_'的不规则)

(6) 형용사 의문문 예문

(6) 形容词疑问句例句

① 오늘 신부는 정말 **예쁘지 않니?**

　① 今天新娘不是很漂亮吗？

　　긍정 대답 : 네, 정말 예뻐요.

　　　肯定回答 : 是的, 真的好漂亮。

　　부인 대답 : 아니오, 그렇게 예쁘지 않은데요.

　　　否认回答 : 不是, 不是那么漂亮。

② 어제 등산했던 산은 **높았습니까?**

　② 昨天爬的那座山高吗？

　　긍정 대답 : 네, 정말 높았습니다.

　　　肯定回答 : 是的, 很高。

　　부인 대답 : 아니오, 그다지 높지 않았습니다.

　　　否认回答 : 不是, 不是那么高。

③ 이렇게 옷을 입으면 **안 예쁘지?**

　③ 这样穿不漂亮吗？

　　긍정 대답 : <u>네, 그렇게 예쁘지 않네요.</u>

　　　肯定回답 : 是的, 不那么漂亮。

　　부인 대답 : <u>아니오, 정말 예쁜데요.</u>

　　　否认回答 : 不是, 很漂亮。

🐼 설명 의문문
说明疑问句

(1) 구체적인 정보를 물어서, 구체적인 설명을 요구하는 의문문

　(1) 问具体信息, 要求具体说明的疑问句。

(2) 형태

　(2) 形态

어미 변화는 판정 의문문과 같으나 문장 중에 '누가', '언제', '어디서', '무엇을', '어떻게', '왜', '어떤', '얼마(나)' 등의 의문사가 있어서 구체적인 정보를 묻는 형태이다.

　词尾变化跟判定疑问句一样,可在疑问句中,用疑问代词'谁,什么时候, 在哪儿,什么,怎么,为什么,怎么样,多少等'来问具体的信息。

(3) 설명 의문문 예문

　(3) 说明疑问句的例句

　상황 : 철수가 아침 7시에 식탁에서 아침 식사로 허겁지겁 갈비탕을 두 그릇을 먹고 있다.

　情况 : [哲洙]早上7点在餐桌前,狼吞虎咽地吃着两碗排骨汤。

① **누가** 식탁에서 아침 식사를 하고 있니?

　① 谁在餐桌前吃着早餐？

　철수가 식탁에서 아침 식사를 하고 있어요.

　[哲洙]在餐桌前吃着早餐呢。

② **언제** 철수는 식탁에서 아침 식사를 하니?

　② [哲洙]什么时候在餐桌前吃着早餐？。

　철수는 아침 7시에 아침 식사를 합니다.

　早上7点[哲洙]吃着早餐。

③ 철수는 **어디서** 아침 식사를 하니?

　③ [哲洙]在哪儿吃着早餐？

　철수는 식탁에서 아침 식사를 합니다.

　[哲洙]在餐桌前吃着早餐。

④ 철수는 아침 식사로 무엇을 먹고 있니?

　④ [哲洙]吃什么作为早餐？

　철수는 아침 식사로 갈비탕을 먹습니다.

　[哲洙]吃排骨汤作为早餐。

⑤ 철수는 아침 식사를 **어떻게** 먹고 있니?

　⑤ [哲洙]怎样吃着早餐？

철수는 갈비탕을 허겁지겁 먹고 있어요.

[哲洙]狼吞虎咽地吃着排骨汤呢.

⑥ 철수는 갈비탕을 **얼마나** 먹고 있니?

⑥ [哲洙]吃多少排骨汤?

철수는 갈비탕을 두 그릇을 먹고 있어요.

[哲洙]吃两碗排骨汤呢.

그 외의 예문

其他例句

⑦ 오늘은 일요일인데 너는 학교에 **왜** 가니?

⑦ 今天星期日,你为什么去学校?

학교에 있는 도서관에 공부하러 갑니다.

去学校图书馆为了学习。

⑧ 어제 외출할 때 무슨 옷을 입었습니까?

⑧ 昨天出门时,穿了什么样的衣服呢?

빨간색 원피스를 입고 외출했습니다.

昨天穿着红色连衣裙出的门。

⑨ 서울에서 북경까지 비행기로 **얼마나** 걸립니까?

⑨ 从首尔到北京坐飞机要多长时间?

서울에서 북경까지 비행기로 두 시간 정도 걸립니다.

从首尔到北京坐飞机要两个小时左右。

⑩ 드론은 **어떤** 종류가 있습니까?

⑩ 无人机有哪些种类?

드론은 초보자용에서 산업용까지 여러 종류가 있습니다.

无人机从初学者用到工业用,种类繁多。

🐼 반어 의문문

反语疑问句

'어서 그만두지 못하겠니?' 형태처럼 의문문의 형태를 갖지만 대답을 요구하는 의문문이 아니고 명령이나 청유의 의미를 갖는다.

像'어서 그만두지 못하겠니?'(还不快停下来)一样,形式上是疑问句,

但不是要求回答的疑问句,而是带有命令或劝导的含义。

① 어서 그만두지 **못하겠니?** → 바로 그만 두어라!

   ① 还不快停下来？   →   马上停下来！

② 빨리 걷지 **못하겠니?** → 빨리 걸어라!

   ② 还不快走？   →   快走吧！

③ 병원에 가 보는 것이 **좋지 않겠니?** → 어서 병원에 가거라!

   ③ 去医院看病不是很好吗？   →   快去医院看病吧！

🐼 청유 의문문

劝导疑问句

'동사 관형사형(현재형) 어간 + ~것이 어때?'도 의문문 형태이나 청유, 제안의
의미를 갖는다.

   '动词冠词形(现在时)词干+ **~것이 어때?**'(做~怎么样？)也是

   疑问句的形态，但是有劝导或提案的意义。

① 기차 역에 바로 **가는 것이 어때?** → 기차 역에 바로 가자.

   ① 直接去火车站怎么样？   → 直接去火车站吧。

② 저기 있는 저 붉은 색 옷을 **사는 것이 어때?** → 붉은 색 옷을 사는 것이
좋겠다.

   ② 买那边那件红色的衣服怎么样？→ 买那边那件红色的衣服最好。

③ 영희야! 이 옷 한 번 **입어보는 것이 어때?** → 이 옷을 한 번 입어 보아라.

   ③ [英喜]！试穿一下这件衣服怎么样？→ 试穿一下这件衣服吧。

01 다음 중에서 의문문을 잘못 표현한 것은 어느 것인가?

下面例句中, 哪个是表达错误的疑问句?

① 가다 – 갑니까?

② 갔었다 – 갔었니?

③ 안 입었다 – 안 입었니?

④ 먹지 않는다 – 안 먹지 않습니까?

02 다음 중에서 의문문의 올바른 표현을 모두 고르시오?

请全部选出下面例句中, 表达**正确的疑问句**。

① 못 가다 – 못 가니?

② 못 먹었다 – 못 먹었니?

③ 안 했다 – 안 했습니까?

④ 예쁘지 않다 – 예쁘지 않습니까?

03 다음의 의문문과 대답 중 어색한 예문은 어느 것인가?

下面对话中, 哪个是不恰当的例句?

① 의문문 : 철수는 도서관에 있니?

　　대답 : 예, 있습니다.

② 의문문 : 철수야! 학교에 안 가니?

　　대답 : 예, 오늘은 안 갑니다.

③ 의문문 : 병원에 아직 못 갔습니까?

　　대답 : 아니오, 아직 못 갔습니다.

④ 의문문 : 오늘 신부 정말 예쁘지 않니?

　　대답 : 예, 정말 예쁩니다.

04 다음 중 대화 문답이 올바른 것은 어느 것인가?

下面对话问答中,哪个是正确的？

① 언제 철수가 아침 식사를 하니?

철수는 갈비탕으로 아침 식사를 합니다.

② 철수는 어디서 공부를 하니?

철수는 아침 7시에 아침 식사를 합니다.

③ 철수는 어떻게 학교에 갑니까?

철수는 버스를 타고 학교에 갑니다.

④ 철수가 아침 식사를 무엇을 먹고 있니?

철수는 식탁에서 아침 식사를 합니다.

05 다음 대화의 (   ) 안에 들어 갈 내용으로 적합한 조합은？

在下面对话的括号里,填写疑问词的话,哪个是正确的组合？

A : 어제 영희는 북경으로 여행 갈 때 (㉠) 옷을 입었니?

B : 빨간색 원피스를 입고 갔어요.

A : 서울에서 북경까지 비행기로 (㉡) 걸리지?

B : 서울에서 북경까지 비행기로 두 시간 정도 걸려요.

---

① ㉠ 무슨   ㉡ 왜

② ㉠ 무슨   ㉡ 얼마나

③ ㉠ 왜   ㉡ 누가

④ ㉠ 왜   ㉡ 얼마나

🎏 정답(答案)

01 ④ : ④ '안 먹지 않습니까?' (X) → **'먹지 않습니까?'** (O)

④ 不吃吗？

① 가다(去)   – **갑니까?**(去吗？)

② 갔었다(去过了)   – **갔었니?**(去过了吗？)

③ 안 입었다(没穿过)   – **안 입었니?**(没穿过吗？)

02 ①. ②. ③. ④ : ① 못 가다 – **못 가니?**   ('못' 부정 기본형의 의문형)

① 不能去　–　不能去吗?　　　　　　('못' 否定基本形的疑问句)

② 못 먹었다 – **못 먹었니?**　　　　　('못' 부정 과거형의 의문형)

② 没能吃 – 没能吃成吗?　　　　　　('못' 否定过去时的疑问句)

③ 안 했다 – **안 했습니까?**　　　　　(과거 부정 의문형 – 정중한 표현)

③ 没做 – 没做吗?　　　　　　　　　(过去时否定的疑问句 – 正式的语气)

④ 예쁘지 않다 – **예쁘지 않습니까?** (기본 의문형 – 반어 의문문)

④ 不漂亮 – 不是很漂亮吗?　　　　　(基本形的疑问句 – 反语疑问句)

03　③ : 의문문 : 병원에 아직 **못 갔습니까?**　　　疑问句 : 还没去医院吗?

　　　　대답 : **아니오,** 아직 못 갔습니다.(X)

　　　　　　　　예, 아직 못 갔습니다.(O)　　　回答 : 是的, 还没去。

　　　의문문의 형태가 긍정문이던 부정문이던 의문문의 <u>내용이 맞으면 '예'</u>

　　　　내용이 다르면 '아니오' 로 대답한다.

　　　　　不管疑问句的形式是肯定句还是否定句,

　　　　　　疑问句的内容正确的话, 回答 '예'(是的)

　　　　　　疑问句的内容不正确的话, 回答 '아니오' (不是)

　　　① 의문문 : 철수는 도서관에 **있니?**　　　疑问句 : [哲洙]在图书馆里吗?

　　　　대답 : 예, 있습니다.　　　　　　　　回答 : 是的, 在。

　　　② 의문문 : 철수야! 학교에 **안 가니?**　　疑问句 : [哲洙], 不去学校吗?

　　　　대답 : 예, 오늘은 안 갑니다.　　　　　回答 : 是的, 今天不去。

　　　④ 의문문 : 오늘 신부 정말 **예쁘지 않니?**　疑问句 : 今天新娘不是很漂亮吗?

　　　　대답 : 예, 정말 예쁩니다.　　　　　　　回答 : 是的, 真的好漂亮。

04　③ : ③ 철수는 **어떻게** 학교에 갑니까?　③ [哲洙]怎么上学?

　　　 : ① **언제** 철수가 아침 식사를 **하니?**　① 什么时候[哲洙]吃早餐?

　　　　② 철수는 **어디서** 공부를 **하니?**　　② [哲洙]在哪儿学习?

　　　　④ 철수가 아침 식사를 **무엇을** 먹고 있니?　④ [哲洙]早餐吃什么?

05　② : ㉠ **무슨** 옷을 입었는지를 물어 본 것임.

　　　　㉠ 问穿什么衣服。

　　　㉡ **얼마나 걸리나?**'를 물어 본 것임.

　　　　㉡ 问需要多长时间。

⑫ 한국의 속담 – '도둑' 관련된 속담
⑫ 关于'小偷'的俗语

– 늦게 배운 도둑질 날 새는 줄 모른다.

– 晚学会偷东西的小偷, 不知道天亮。

남보다 늦게 어떤 일에 흥미를 느낀 사람이, 다른 사람보다 더 열중하는 모양을 표현.

比喻很晚认识到某种事物的乐趣, 并乐此不疲的人。

– 도둑을 맞으려면 개도 안 짖는다.

– 屋漏偏逢连夜雨。(人倒霉连喝凉水都塞牙缝。)

'평소 잘 짖던 개가 도둑이 들어 온 날은 짖지도 않았다'라는 뜻으로

운이 나쁘면 평소에 제대로 됐던 일도 안되면서 일이 틀어지게 되는 경우를 비유.

比喻平时常叫的狗, 小偷进来时偏偏不叫了。

平时能办好的事儿却偏偏办不好, 误了大事, 真是倒霉透了。

– 도둑이 제발 저리다.

– 做贼心虚。

'잘못을 저지르게 되면 항상 마음이 조마조마하고 눈치를 보게 된다'라는 의미.

犯了错误, 忐忑不安。

– 열 사람이 도둑 한 사람 못 당한다.

– 十个看守不如一个贼。

열 사람이 한 사람의 도둑을 막지 못한다는 뜻으로, 나쁜 짓을 하는

사람을 감독하고 관리하는 것이 쉽지 않다라는 의미.

十人难防一贼, 几个人一起看着也无法阻止一个人做坏事。

– 바늘 도둑이 소 도둑 된다.

– 小时偷针, 长大偷牛。

사소한 나쁜 짓도 계속하게 되면 점점 큰 잘못을 저지르게 된다는 말.

比喻如果经常做些小坏事, 最后可能还会犯大罪的。

제15장
第15章

명령문, 청유문, 감탄문
命令句,劝导句,感叹句

 명령문 命令句

상대방에게 어떠한 특정 행동을 하도록 하는 문장이다.
让对方做出某种特定行为的句式。

🐼 명령문의 형태
命令句的形态

– 행동에 대한 내용이므로 동사는 어미 변화로 명령을 표현하며 형용사는 명령형이 존재하지
않는다.

– 因为是关于行动的内容,所以用动词词尾的变化来表达命令,形容词不存在命令句。

(1) '동사 어간 + – **라 / 아라 / 어라**'의 어미로 명령을 표현한다.

(1) 用'动词词干 + – **라 / 아라 / 어라**'的形式,来表达命令。

ㄱ 동사 어간이 모음으로 끝나는 경우는 '– **라**'를 사용한다.

ㄱ 动词词干以母音结束的话,用 '– **라**'。

ㄴ 동사 어간이 자음으로 끝나면서 어간 마지막 모음이 양성 모음일 경우에는
'– **아라**'를 사용한다.

ㄴ 动词词干以子音结束,词干最后一个母音是阳性母音的话,用 '– **아라**'。

ㄴ' 동사 어간이 자음으로 끝나면서 어간 마지막 모음이 음성이나 중성일
경우, '– **어라**'를 사용한다.

ㄴ' 动词词干以子音结束,词干最后一个母音是阴性或中性母音的话,用
'– **어라**'。

제15장 명령문, 청유문, 감탄문(命令句,劝导句,感叹句) ··· **77**

(2) 예와 예문

(2) 例子和例句

가다 → 가라　　　 : ‘가 –’ + ‘– 라’　　 ㉠ 형(形态)

오다 → 오라#1　　 : ‘오–’ + ‘– 라’　　 ㉠ 형 (形态)

사다 → 사라　　　 : ‘사–’ + ‘– 라’　　　 ㉠ 형 (形态)

받다 → 받아라　 : ‘받 –’ + ‘– 아라’　 ㉡ 형 (形态)

먹다 → 먹어라　 : ‘먹–’ + ‘– 어라’　 ㉡' 형 (形态)

입다 → 입어라　 : ‘입–’ + ‘– 어라’　 ㉡' 형 (形态)

하다 → 해라　　 : ‘해 –’ + ‘– 라’　 ‘하다’ 불규칙 변화(‘하다’的不规则)

#1 ‘오라’는 문어체　　　　　　 (#1 ‘오라’是书面语)

‘오’ + ‘– 아라’ → ‘와라’ 구어체　 (‘와라’是口语)

① 철수야! 어서 밥 먹고 학교 가라!　　　　　 (가 – + – 라)

　① [哲洙]!快吃完饭上学去吧!

② 영희야! 인터넷으로 기차표를 사라!　　　 (사 – + – 라)

　② [英喜]!上网买火车票吧!

③ 오늘은 날씨가 추우니 두껍게 옷을 입어라!　(입 – + – 어라)

　③ 今天天气冷,穿厚点儿衣服吧!

④ 바로 회의 시간이니 자료를 준비해라!　　　 (해 – + – 라)

　④ 快开会了,准备资料吧!

(3) 앞에서의 명령형에서 어미 ‘– 라’를 생략한 ‘– 아 / 어’ 형태는 다소 강한 명령형이 된다.
　 주로 매우 친한 사이거나 어린이 간에 사용하는 형태이다.

(3) 上面的命令句中,可以省略词尾 ‘라’,用 ‘– 아 / 어’的形态,

　 来表示语气比较强的命令句。主要用于非常亲密的关系或孩子们之间。

① 철수야, 어서 밥 먹고 학교 가!

　① [哲洙] ! 快吃完饭上学去 !

② 영희야, 인터넷으로 기차표를 사!

　② [英喜] ! 上网买火车票 !

③ 오늘은 날씨가 추우니 두껍게 옷을 입어!

　③ 今天天气冷,穿厚点儿衣服 !

(4) 동사 '어간 + −거라(너라)'는 약한 명령 형태로 명령과 청유의 중간 정도의 의미이다.

(4) '动词词干 + −거라(너라)'的形式略微有点儿命令句式,

具有命令和劝导中间程度的意思。

①" 철수야, 어서 밥 먹고 학교 가거라!　　　　(가− + −거라)

①" [哲洙]! 快吃完饭上学去吧!

②" 영희야, 인터넷으로 기차표를 사거라!　　　(사− + −거라)

②" [英喜]! 上网买火车票吧!

③" 오늘은 날씨가 추우니 두껍게 옷을 입거라!　(입− + −거라)

③"今天天气冷,穿厚点儿衣服吧!

(5) 반어 의문문 형태의 명령문

(5) 反问疑问句的命令句

반어 의문문은 의문문 형태를 갖지만 의문문이 아니고 강한 명령의 의미를 갖는다.

反问疑问句具有疑问句的形态,但不是疑问句,而是有着较强命令的语气。

⑤ 빨리 걷지 못하겠니?　→ 빨리 걸어라!

⑤ 走不快吗?　　　　→ 快走!

⑥ 어서 게임을 그만두지 못하겠니? → 어서 게임을 그만두어라!

⑥ 还不快把游戏关了?　　　　→ 快别玩游戏了!

(6) '말라' 명령문

(6) '말라' 命令句

− 행위를 제재하거나 불허하는 명령문이다.

− 对行为制裁或对行为禁止的命令句。

㉠ 어간 뒤에 '−지 마라 / 말아라 / 마시오'를 활용하여

행위를 제재하거나 금지하는 명령으로 표현한다.

㉠ 在词干的后面,用 '−지 마라 / 말아라 / 마시오',

来表示对行为制裁或对行为禁止的命令。

㉡ '−지 마라 / 말아라 / 마시오'는 차례대로 강한 금지, 금지, 약한 금지를

나타낸다.

㉡ '−지 마라 / 말아라 / 마시오' 依次表示重度禁止,中度禁止,轻度禁止。

(ㄷ) 시제는 현재, 미래 형태로만 표현되며 과거형은 존재하지 않는다.

　　(ㄷ) 时态只以现在时,将来时的形式表现,没有过去时。

- 형태

　- 形态

강한 금지 重度禁止	중간 금지 中度禁止	약한 금지 轻度禁止
가지 마라 别走	가지 말아라 别走	가지 마시오 别走吧
먹지 마라 别吃	먹지 말아라 别吃	먹지 마시오 别吃吧
입지 마라 别穿	입지 말아라 别穿	입지 마시오 别穿吧
하지 마라 别做	하지 말아라 别做	하지 마시오 别做吧

- 예문

　- 例句

　　① 바람이 많이 부니 오늘은 산책을 나가지 마라.　　(나가- + -지 마라)

　　　① 风很大,今天别出去散步了。

　　② 장례식장에 갈 경우에는 화려한 옷을 입지 말아라.　(입- + -지 말아라)

　　　② 去参加丧礼时,千万别穿鲜艳的服装。

　　③ 당사자가 없는 곳에서는 그 사람 얘기를 하지 말아라. (하- + -지 말아라)

　　　③ 当事人不在时,不要讨论他。

　　④ 이 곳은 물이 깊은 곳이니 들어가지 마시오.　　(들어 가- + -지 마시오)

　　　④ 这是个水很深的地方,不要下去。

 **청유문** 劝导句

> 상대방에게 어떠한 특정한 행동을 권하는 표현이다.
> 劝导对方采取特定行动的表现。

🐼 청유문의 형태
劝导句的形态

– 행동에 대한 내용이므로 동사의 어미 변화로 청유를 표현하며 **형용사의**

　청유형은 존재하지 않는다.

　– 因为是关于行动的内容,所以用动词词尾变化来表示劝导句,

　　形容词的劝导句不存在。

(1) 동사 '어간 + −자' 형태는 청유를 표현하는 대표적 형태로,

　행동을 같이 하자는 강한 청유로 동년배 사이에서 사용한다.

　(1) '动词词干 + −자'是劝导的代表性形态。

　　一起共同行动的重度劝导,是同龄人之间常用的。

　　① 철수야! 학교에 같이 가자! 　　　　　　　　　　　(가 − + − 자)

　　　① [哲洙]! 一起去学校吧!

　　② 우리 오늘 점심은 한식을 먹자! 　　　　　　　　　(먹 − + − 자)

　　　② 我们今天中午吃韩餐吧!

　　③ 회의시간에 우리 모두 한 가지씩 제안하자! 　　　　(하 − + − 자)

　　　③ 开会时,咱们每个人都提一个建议吧!

(2) 동사 '어간 + 봐 / −아 봐 / −어 봐'는 중간 정도의 청유 형태로,

　동년배나 손아랫사람에게 사용한다.

　(2) 用 '动词词干 + 봐 / −아 봐 / −어 봐',来表示中度劝导,常用于同龄人之间或晚辈。

　㉠ 동사 어간이 모음으로 끝나는 경우는 '어간 + 봐'를 사용한다.

　　㉠ 动词词干以母音结束的话,用'词干 + 봐'。

ⓛ 동사 어간이 자음으로 끝나고, 어간 마지막 모음이 양성 모음일 경우에는
'어간+ −아 봐'를 사용한다.

　　ⓛ 如果动词词干以子音结束,而且词干最后一个母音是阳性母音的话,
　　　用'词干 + −아 봐'。

ⓛ' 동사 어간이 자음으로 끝나고, 어간 마지막 모음이 음성이나 중성일 경우에
'어간 + −어 봐'를 사용한다.

　　ⓛ' 如果动词词干以子音结束,而且词干最后一个母音是阴性或中性母音的话,
　　　用'词干 + −어 봐'。

− 예문

　− 例句

　　　④ 선생님이 너를 찾고 계시네, 어서 가 봐!　　　　　　　　(가 − + 봐)

　　　　④ 老师在找你呢,快去吧！

　　　⑤ 내가 공을 던질 테니 받아 봐!　　　　　　　　　　　(받 − + −아 봐)

　　　　⑤ 我来投球,你接一下！

　　　⑥ 내가 만든 요리인데 한 번 먹어 봐!　　　　　　　　　(먹 − + −어 봐)

　　　　⑥ 这是我做的菜,你尝一尝！

　　　⑦ 영희야! 이 옷 한 번 입어 봐!　　　　　　　　　　　(입 − + −어 봐)

　　　　⑦ [英喜]! 把这件衣服试穿一下！

(3) 동사 '어간 + 볼래? / − 아 볼래? / − 어 볼래?'로 의문문 형태이나
　　의문문은 아니고 약한 청유를 표현하며, 동년배나 손아랫사람에게 사용한다

　(3) '动词词干 + 볼래? / − 아 볼래? / − 어 볼래?'疑问句的形态.

　　　但,并不是疑问句,而是表示轻度劝导的语气,常用于同龄人之间或晚辈。

　　㉠ 동사 어간이 모음으로 끝나는 경우, '어간 + 볼래?'를 사용한다

　　　㉠ 动词词干以母音结束的话,用'词干 + 볼래?'。

　　ⓛ 동사 어간이 자음으로 끝나고, 어간의 모음이 양성 모음일 경우에는
'어간 + − 아 볼래?'를 사용한다.

　　　ⓛ 如果动词词干以子音结束,而且词干最后一个母音是阳性母音的话,
　　　用'词干 + − 아 볼래?'。

82

ⓛ' 동사 어간이 자음으로 끝나고, 어간 모음이 음성이나 중성일 경우,
'어간 + −어 볼래?'를 사용한다.

    ⓛ' 如果动词词干以子音结束,而且词干最后一个母音是阴性或中性母音的话,
用'词干 + −어 볼래?'。

– 예문

  – 例句

    ④' 선생님이 너를 찾고 계시네, 어서 가 볼래?   (가− + 볼래)

       ④' 老师在找你呢,快去,好吗？

    ⑤' 내가 공을 던질 테니 받아 볼래?   (받− + −아 볼래)

       ⑤' 我来投球,你接一下,好吗？

    ⑥' 내가 만든 요리인데 한 번 먹어 볼래?   (먹− + −어 볼래)

       ⑥' 这是我做的一道菜,你尝尝,好吗？

    ⑦' 영희야! 이 옷 한 번 입어 볼래?   (입− + −어 볼래)

       ⑦' [英喜]! 把这件衣服试穿一下,好吗？

(4) 동사 '관형사형(현재형) 어간 + 것이 어때?'도 의문문 형태이나
청유의 의미를 갖는다. 동년배나 손아랫사람에게 사용한다.

  (4) '动词'冠词形(现在时)的词干 + 것이 어때?'具有疑问句的形态,
但并不是疑问句, 而是具有劝导的意义。常用于同龄人之间或晚辈。

    ⑧ 기차 역에 바로 가는 것이 어때?

      ⑧ 直接去火车站,怎么样？

    ⑨ 저기 있는 저 붉은 색 옷을 사는 것이 어때?

      ⑨ 买那边那件红色的衣服,怎么样？

    ⑩ 영희야! 이 옷 한 번 입어 보는 것이 어때?

      ⑩ [英喜]! 穿一下这件衣服, 怎么样？

⑸ 강한 청유   〉   중간 청유   〉   약한 청유

⑸ 重度劝导   〉   中度劝导   〉   轻度劝导

动词 + 吧 〉 动词 + 一下 〉 动词+ 一下,好吗？/怎么样？

가자   〉   가 봐   〉   가 볼래? / 가는 것이 어때?

받자   〉   받아 봐   〉   받아 볼래? / 받는 것이 어때?

먹자   〉   먹어 봐   〉   먹어 볼래? / 먹는 것이 어때?

입자   〉   입어 봐   〉   입어 볼래? / 입는 것이 어때?

하자   〉   해 봐   〉   해 볼래? / 하는 것이 어때?

⑹ 어간 + '−십시오 / −으십시오'나 어간 + '−세요 / −으세요'를 써서 높임 형태의 청유형의
의미를 갖는다.

⑹ 也有词干 + '−십시오 / −으십시오'或词干 + '−세요 / −으세요' 含有尊敬式劝导的意思。

⑦ 시간이 많지 않습니다. 어서 가십시오 / 가세요(가− + −십시오 / 가− + −세요)

⑦ 时间不够了,快走吧。

⑧ 마음의 선물이니 받아주십시오 / 받으세요(받아주− + −십시오 / 받− + −으세요)

⑧ 这是我的一份心意,请收下。

⑺ 어간 + '−요 / −아요 / −어요'는 높임 형태이나 손아랫사람에게 사용한다.

⑺ 用 '动词词干 + −요 / −아요 / −어요'来表示尊敬的劝导,
但是常用于同龄人之间或晚辈。

⑬ 시간이 별로 없습니다. 어서 가요.

⑬ 时间不多了,快走吧。

⑭ 음식이 식기 전에 어서 먹어요.

⑭ 趁热快吃吧。

⑻ '말라' 청유문

⑻ '말라' 劝导句

행위를 만류하는 청유문이다.

劝阻行为的劝导句

㈀ 어간 뒤에 '−지 말자 / 맙시다 / 말아요'를 활용하여 행위를 만류하는 청유를

표현하며 동년배나 아랫사람에게 사용한다.

　(ㄱ) 在词干后面,用 '－지 말자 / 맙시다 / 말아요'表示劝阻行为的劝导句,
　　　常用于同龄人之间或晚辈。

　(ㄴ) '－지 말자 / 맙시다 / 말아요'는 차례대로 강한 만류, 만류, 약한 만류의
　　　청유를 의미.

　(ㄴ) '－지 말자 / 맙시다 / 말아요'依次表示重度劝阻,中度劝阻和轻度劝阻。

　(ㄷ) 어간 뒤에 '－지 마세요 / － 지 마시죠'를 사용하여 손윗사람에게 만류의
　　　청유를 표현.

　(ㄷ) 在词干后面,用 '－지 마세요 / － 지 마시죠'表示对年长者劝阻行为的劝导句。

　(ㄹ) '말라' 청유문의 시제는 현재, 미래 형태로만 표현되며 과거형은 존재하지
　　　않는다.

　(ㄹ) '말라' 劝导句的时态有现在时和将来时,但没有过去时。

－ 형태

　－ 形式

강한 만류 重度劝阻	(중간) 만류 (中度)劝阻	약한 만류 轻度劝阻
가지 말자 別去了	가지 맙시다	가지 말아요
먹지 말자 別吃了	먹지 맙시다	먹지 말아요
입지 말자 別穿了	입지 맙시다	입지 말아요
하지 말자 別做了	하지 맙시다	하지 말아요

－ 예문

　－ 例句

　① 비가 많이 오니 오늘은 **가지 말자**.　　　　　　　　　　(가 + －지 말자)

　① 雨下得很大, 今天別去了。

② 도서관에서는 큰소리로 **떠들지 맙시다.**　　　　(떠들 + −지 맙시다)

　　② 在图书馆里别大声说话。

③ 음식이 상한 것 같으니 **먹지 말아요.**　　　　　(먹 + −지 말아요)

　　③ 菜好像坏了,别吃了。

④ 비가 많이 오고 있으니 지금 **가지 마세요.**　　　(가 + −지 마세요)

　　④ 现在雨下得很大,别去了。

 # 감탄문 感叹句

> 화자가 자신의 느낌과 감정을 표현하는 문장이다.
> 表达说话人自己的感觉和感情的句子。

🐼 감탄문의 형태
感叹句的形态

– 동사, 형용사, '−이다'에 '−(는)군, −(는)군요, −(는)구나, −아라 / −어라, −이어라'
　등의 어미 변화로 감탄문을 나타낸다.

　　– 动词,形容词,'−이다' 用 '−(는)군, −(는)군요, −(는)구나, −아라 / −어라, −이어라'
　　等词尾变化来表示感叹句。

– 감탄문은 문장 뒤에 느낌표 '!' 로 끝맺음을 한다.

　　– 感叹句在句子后面,常常添加感叹号'!'来结束。

– 문장 중에 '매우, 정말, 참, 몹시' 등의 부사어를 사용하여 느낌을 강조한다.

　　句子中通过用'매우(非常), 정말(真的), 참(真), 몹시(极)'等副词, 来强调感觉的程度。

(1) '동사 어간 + **−는군!**', '형용사 어간 + **−군!**', '− 이다' 의 '− **이군!**' 형태로 주로 단정적인
　감정을 표현한다.

　　(1) 用'动词词干 + **−는군!**', '形容词词干 + **−군!**'和'− 이다'的'− **이군!**'这样的形态,主要来表
　　示确定的语气。

① 세월이 참 빨리 가는군!　　　　　　　　　　　(가 − + − 는군)

　　① 岁月时间过得真快啊！

② 중국은 정말 넓군!　　　　　　　　　　　　　(넓 − + − 군)

　　② 中国真的很大啊！

③ 정말 착실한 학생이군!　　　　　　　　　　　(학생이 − + − 군)

　　③ 真是个踏实的学生啊！

(2) '동사 어간 + −**는군요!**', '형용사 어간 + −**군요!**' '−이다'의 '−**이군요!**' 형태로
　　상대방의 감정이나 느낌에 동의를 하는 표현한다.

　(2) 用'动词词干 + −**는군요!**', '形容词词干 + −**군요!**'和'−이다'的'−**이군요!**'这样的形
　　　态，来表示同意对方的意思。

④ 중국은 한국보다 한 시간 늦군요!　　　　　　(늦 − + − 군요)

　　④ 中国比韩国晚一个小时！

⑤ 그렇군요!　　　　　　　　　　　　　　　　　(그렇 − + − 군요)

　　⑤ 是的！

⑥ 이 꽃은 정말 아름답군요!　　　　　　　　　　(아름답− + − 군요)

　　⑥ 这朵花真美啊！

⑦ 영희는 참 예쁘군요!　　　　　　　　　　　　(예쁘 − + − 군요)

　　⑦ [英喜]真漂亮啊！

⑧ 영희는 정말 예쁜 학생이군요!　　　　　　　　(학생이 − + − 군요)

　　⑧ [英喜]真是个漂亮的学生啊！

(3) '동사 어간 + −**는구나!**', '형용사 어간 + −**구나!**', '−이다' 의 '−**이구나!**' 형태로
　　경이로운 느낌을 표현한다.

　(3) 用'动词词干 + −**는구나!**', '形容词 + −**구나!**'和'−이다'的 '−이**구나!**'这样的形态,来表
　　　示惊讶的语气。

⑨ 고속철은 정말 빨리 가는구나!　　　　　　　(가 − + − 는구나)

　　⑨ 高铁开得真快啊！

⑩ 오늘은 날씨가 좋구나!　　　　　　　　　　(좋 − + − **구나**)

　　⑩ 今天天气真好啊！

⑪ 한국의 발전은 정말 대단하구나!　　　　　　　　　(대단하– + –**구나**)

　　⑪ 韩国的发展真了不起啊!

⑫ 철수는 정말 머리가 좋은 학생이구나!　　　　　　(학생이– + –**구나**)

　　⑫ [哲洙]真是个聪明的学生啊!

(4) 보조 형용사 '싶다'의 감탄형 '**싶어라!**'를 활용하여 '동사 어간 + –**고 싶어라!**' 형태로

　　희망과 바람의 감정을 표현한다.

　　(4) 补助形容词 '싶다'(想)的 感叹形式是'**싶어라!**',用'动词词干+ –**고 싶어라!**'的形态,来

　　　　表达自己的希望和愿望。

　　① 그녀를 다시 만나고 **싶어라**!

　　　① 想再见到她!

　　② 그 때 그 시절로 돌아가고 **싶어라**!

　　　② 想回到那个时候!

(5) 평서문에 뒤에 '!'로 끝맺음을 하여 감탄문을 표현하거나,

　　평서문 내 적절한 부사어를 이용하여 감탄문을 표현한다.

　　(5) 在一般句子的后面添加'!',或者在一般的句子中,用恰当的副词来表示感叹句。

　　③ 오늘은 날씨가 좋다!

　　　③ 今天天气很好!

　　④ 오늘은 날씨가 **정말** 좋다!

　　　④ 今天天气非常好啊!

01 다음 중에서 명령형을 잘못 표현한 것은 어느 것인가?

下面生词中,哪个命令句是错的?

① 가다 – 가라 – 가 – 가거라

② 오다 – 와라 – 와 – 오거라

③ 먹다 – 먹어라 – 먹어 – 먹거라

④ 하다 – 해라 – 해 – 하거라

02 다음 문장 중 표현이 <u>어색한</u> 문장은 어느 것인가?

下面句子中,哪个是不恰当的句子?

① 오늘은 날씨가 추우니 두꺼운 옷을 입어라.

② 오늘은 날씨가 따뜻하니 얇은 옷을 입어.

③ 오늘은 날씨가 추우니 두꺼운 옷을 입거라.

④ 오늘은 날씨가 추우니 얇은 옷을 입어 말자.

03 다음 예문 ( ) 안에 들어 갈 표현 중 가장 알맞게 조합이 된 것은 어느 것인가?

下面括号内,哪个是正确的?

예문(例句) : 바로 회의 시간이니 최신 자료를 가지고 (㉠ 가다).
그리고 회의 시간에는 음식을 (㉡ 먹다).

① ㉠ 가!   ㉡ 먹다 말아라

② ㉠ 가라!   ㉡ 먹지 마라

③ ㉠ 가시오! ㉡ 먹고 말아라

④ ㉠ 가지 마라 ㉡ 먹지 마라

04 다음 중에서 청유 형태에 적합하지 않은 표현은 어느 것인가?

下面劝导句中,哪个是不恰当的劝导句？

① 내가 만든 요리인데 같이 먹자.
② 내가 만든 요리인데 한 번 먹어 볼래?
③ 내가 만든 요리인데 한 번 먹어 봐!
④ 내가 만든 요리인데 먹어!

05 다음 '말라' 명령문이나 청유문으로 적합한 문장을 모두 고르시오.

下面 '말라'命令句和劝导句中,选出所有正确的句子。

① 도서관에서는 큰소리로 떠들지 마라!
② 물이 깊어 보이니 들어가지 말아라!
③ 다른 사람 이야기를 함부로 하지 마시오!
④ 비가 많이 오니 산보 나가지 말자!

🪭 정답(答案)

01 ② : ② 오다 – 와라 – 와 – '오거라'(X) → **'오너라'**(O)

02 ④ : ④ '오늘은 날씨가 추우니 얇은 옷을 입어 말자'(X) → **'입지 말자'**(O)
: ④ 今天天气很冷,不要穿太薄的衣服。
① 今天天气很冷,穿厚衣服吧。
② 今天天气很暖和,穿薄衣服吧。
③ 今天天气很冷,穿厚衣服吧。

03 ② : 바로 회의 시간이니 최신 자료를 가지고 (㉠ **가라/가시오/가자**).
그리고 회의 시간에는 음식을 (㉡ **먹지 마라/먹지 마시오/먹지 않아야 한다**).
: 快到开会时间了,把最新资料拿过去吧。再有开会时间不要吃东西。

04 ④ : ④ 내가 만든 요리인데 **먹어!** 형태는 청유형 형태가 아니라 명령문이다.
: ④ '这是我做的菜,吃吧!'不是劝导句,而是命令句。

05 ①, ②, ③, ④ : ① 도서관에서는 큰소리로 떠들**지 마라!**   강한 명령
: ① 在图书馆里不要大声说话!   重度命令

② 물이 깊어 보이니 들어가**지 말아라**!   중간 명령

  ② 看起来水很深,别下去了!   中度命令

③ 다른 사람 이야기를 함부로 하**지 마시오**!   약한 명령

  ③ 不要随便议论别人!   轻度命令

④ 비가 많이 오니 산보 나가**지 말자**!   강한 청유

  ④ 雨下得太大了,别去散步了!   重度劝导

⑬ 한국의 속담 – '말' 관련된 속담
　⑬ 关于'语言'的俗语

– 가는 말이 고와야 오는 말이 곱다.

　– 礼尚往来。语言也要礼尚往来。

　상대방에 대해 거친 말이 아닌 좋은 말을 하면 상대방도 좋은 말을 하게 된다는 의미.

　　对对方说礼貌的语言,那么对方也会对你说礼貌的话。

– 귀에 걸면 귀걸이 코에 걸면 코걸이.

　– 挂在耳朵上的话.是耳环。挂在鼻子上的话.是鼻环。咋说咋有里。说啥是啥。毫无原则。

　합당한 이유나 근거없이, 그때그때 상황에 따라 이유를 억지로 붙이는 경우를 비유.

　　没有适当的根据,却硬找理由。

– 닭 잡아먹고 오리발 내민다.

　– 把鸡抓住吃了,却了拿出鸭脚。百般狡辩。

　이미 말이나 행동을 해 놓고는 다른 말이나 다른 행동으로 덮으려는 행위를 비유.

　　比喻有人做了坏事却想着用蹩脚的手段,百般狡辩。

– 말이 많으면 쓸 말이 적다.

　– 话多不甜.胶多不粘。

　이것저것 말을 많이 늘어놓으면 실속이 없다는 의미이다.

　　话说得太多,就没有实际意义了。

– 말이 씨가 된다.

　– 口为祸福之门。祸从口出。

　걱정스런 얘기를 자주하면 실제로 좋지 않은 일이 일어난다.

　　意思是随便乱说闲话,可能会带来祸害。

– 말 한마디로 천냥 빚을 갚는다.

　– (直译)用一句话还清千两债务。一语值千金。

　말을 잘하면 어려운 일이나 불가능한 일도 해결할 수가 있다는 의미다.

　　意思是说话的重要性,如果话说得好,无论什么样的困难都可以解决。

– 발없는 말이 천리 간다.

　– (直译)话没有脚,却像马一样可以走到千里之外。没有不透风的墙。

소문은 급속하게 퍼져 나간다라는 의미이다

消息会传播得非常快。

'한국어에서 '말하다'의 '**말**'과 동물의 '**말**'이 같은 글자이므로
'말하다'의 '**말**'을 달리는 '**말**'에 비유하여 표현한 속담이다.

在韩语中'말하다'(说话)的 '**말**'(话)和动物的 '**말**'(马),
两个字一样,这个俗语用 '**말**'(话)比喻 '**말**'(马)。

– 밤말은 쥐가 듣고 낮말은 새가 듣는다.

– (直译) 夜里说话有鼠听,白天说话有鸟听。隔墙有耳。没有不透风得墙。

비밀스럽게 한 말도 남의 귀에 들어간다는 의미이다.

意思是秘密的话,也会传到别人的耳朵里。

– 빈 수레가 요란하다.

– 一瓶醋不响,半瓶醋晃荡。

실속도 없고 지식도 얕은 사람이 더 말이 많다라는 의미이다.

知识浅薄的人,话更多。

– 세치 혀가 사람 잡는다.

– 三寸不烂之舌也会害人。

말을 잘못하면 사람이 죽게 되는 수가 있다라는 비유이다.

比喻话说不好,会死人。

– 소귀에 경 읽기

– 对牛弹琴。

아무리 얘기를 하여도 반응이 없는 경우를 표현한 것이다.

怎么说也没反应。

– 아니 땐 굴뚝에 연기 날까?

– 天上无云不下雨。绝非空穴来风。

실제로 일이 있었기 때문에 말(소문)이 났을 것이라는 비유.

实际上是因为有那些事,才传出流言的。

– 아 다르고 어 다르다.

– '아'和'어'不一样。

같은 말이라도 어떻게 얘기를 하느냐에 따라 듣기 좋은 말이 되기도 하고 듣기 싫어하는

말이 되기도 한다라는 의미이다.

同一句话用不同的语气说,其效果也会不同。

– 입은 삐뚤어져도 말은 바로 한다.

– 即使嘴歪了,话也得说的正。

어떠한 상황이더라도 진솔한 말을 해야 한다는 것을 비유한 것이다.

无论在什么情况下,都要说真话。

– 호랑이도 제 말 하면 온다.

– 说曹操曹操就到。

다른 사람에 관한 얘기를 하는데 공교롭게 그 사람이 나타나는 경우를 표현한 속담이다.

正在说别人时,碰巧那个人出现了。

– 화살은 쏘고 주워도 말은 하고 못 줍는다.

– 说话要谨慎。

화살은 쏘고 나서 주울 수가 있지만 한 번 뱉은 말은 거두어들일 수가 없다라는 의미로 말은 조심해서 해야 한다는 뜻이다.

意思是射出的箭可以收回来,说出的话是收不回来的,所以说话要谨慎。

제16장

사동문, 피동문 使动句,被动句

주동문 主动句

🐼 **주동문이란**
主动句是什么

주어가 동작의 주체가 되어 주동적으로 동작을 행하는 것을 표현하는 문장이다.
주어가 동작을 행하고 주어가 행한 동작의 영향을 받는 대상도 주어 자신인 문장이다.
　表示主语成为动作的主体,动作行为的发出者的句子。自己受到动作影响的句子。

　① <u>아이가 운다.</u>　　 '주어 + 자동사' 형태로 우는 주체가 아이
　　　<u>孩子哭。</u>　　　 '主语 + 自动词'的形式,哭的主体是孩子。
　② <u>영희가 옷을 입는다.</u> '주어 + 목적어 + 타동사' 형태로 입는 주체가 영희
　　　<u>[英喜]穿衣服。</u>　 '主语 + 宾语 + 他动词',穿的主体是[英喜]。

사동문 使动句

🐼 **사동문이란**
使动句是什么

사동문이란 주동문과 반대되는 문장으로, 다른 사람에게 어떤 동작을 하도록 하는
것을 표현한 문장이다.
　使动句是与主动句相反的句子,表示让别人做某种动作的句子。

①′ 철수가 아이를 울리다. 울게 한 주체는 철수, 우는 동작을 행한 사람은 아이

　①′ [哲洙]把孩子弄哭了。让孩子哭泣的主体是[哲洙],哭的人是孩子。

②′ 어머니가 아이에게 옷을 입게 하다.

　입게 한 주체는 어머니, 옷을 입은 사람은 아이

　②′ 妈妈让孩子穿衣服。让孩子穿衣服的主体是妈妈,穿衣服的人是孩子。

🐼 사동문을 만드는 두 가지 방법
做使动句的两个方法

　　(ㄱ) 접미사를# 활용하여 사동사를 만들어 사용하는 방법　　　　　(접미사 사동)

　　　(ㄱ) 利用接尾词#,使用使动词来做使动句的方法。　　　　　　**(接尾词使动)**

　　(ㄴ) 주동사 어간에 '−게 하다'를 사용하는 방법　　　　　　　　(−게 하다 사동)

　　　(ㄴ) 主动词词干后,与'−게 하다'连接,来做使动句的方法。　　(−게 하다 **使动**)

　　# 접미사 : 어간이나 단어 뒤에 붙여 새로운 단어를 만드는 음절.

　　# 接尾词 : 接在词干或生词后, 来产生新生词的音节。

　　　예　　 죽다 → 죽이다　　 − 이 − : 접미사(接尾词)

　　例子)　死 →　杀

　　　　　 울다 → 울리다　　 − 리 − : 접미사(接尾词)

　　　　　 哭 →　弄−哭

　　　　　 먹다 → 먹이다　　 − 이 − : 접미사(接尾词)

　　　　　 吃 →　喂

🐼 접미사를 활용한 사동사의 사동문
利用接尾词活用的使动词,构成使动句。

⑴ 사동사

　⑴ 使动词

　주동사 어간에 특정 접미사를 삽입하여 사동사로 사용한다.

　　主动词词干与接尾词连接,构成使动词。

　동사 / 형용사 어간과 어미 사이에 접미사 '− 이 −', '− 히 −', '− 리 −', '− 기 −',
'− 우 −', '− 추 −' 등을 삽입하여 사동사를 만든다.

　　在动词 / 形容词词干和词尾的中间,添加接尾词 '− 이 −', '− 히 −', '− 리 −',
'− 기 −', '− 우 −', '− 추 −' 等,构成使动词。

그룹 1 : 자동사 → 사동사

组 1 : 自动词 → 使动词

죽다 → 죽이다, 속다 → 속이다, 줄다 → 줄이다, 녹다 → 녹이다

　死 → 杀,　　上当 → 欺骗,　　减少 → 缩减,　　融化 → 弄化

앉다 → 앉히다, 익다 → 익히다

　坐 →　让-坐, 熟 → 煮熟

울다 → 울리다, 살다 → 살리다, 날다 → 날리다

　哭 →　弄哭, 活 →　救活,　　飞 →　放飞

웃다 → 웃기다, 남다 → 남기다, 숨다 → 숨기다

　笑 →　逗-笑, 剩下 → 剩下,　　藏 →　隐藏,

깨다 → 깨우다,　자다 → 재우다#1,　타다→태우다#2,　서다 → 세우다#3

　醒 →　让-醒,　　睡觉 → 使-睡觉,　燃 → 把-点燃,　站 →　让-站立

　　　#1 2 3 사동을 만드는 접미사를 겹쳐서 사용한 경우이다.

　　　　#1 2 3 使用叠加接尾词,构成使动词。

　　　　#1 자 + -이우다 → 재우다, #2 타 + -이우다 → 태우다, #3 서 + -이우다 → 세우다

그룹 2 : 타동사 → 사동사

组 2 :　他动词 → 使动词

먹다 → 먹이다, 보다 → 보이다

　吃 →　喂,　　看 →　让-看

읽다 → 읽히다, 입다 → 입히다, 잡다 → 잡히다,　　업다 → 업히다

　读 →　让-读, 穿 →　让-穿, 抓 →　让-抓捕,　背 →　让-背

알다 → 알리다, 물다 → 물리다, 들다 → 들리다

　知道 → 告知,　咬 →　让-咬,　　抬 →　让-抬

맡다 → 맡기다, 안다 → 안기다,　　벗다 → 벗기다,

　受委托 → 委托, 抱 →　让-抱,　　脱 →　让-脱,

그룹 3 : 형용사 → 사동사

組 3 : 形容词 → 使动词

높다 → 높이다

高 →　提高

좁다 → 좁히다,　넓다 → 넓히다,　밝다 → 밝히다

窄 →　弄窄,　　宽 →　弄宽,　　亮 →　照亮

낮다 → 낮추다,　늦다 → 늦추다

低 →　弄低,　　慢 →　延后

(2) 자동사의 사동문

(2) 自动词的使动句

주동문 :　**주어(A)가 / 이 + 동사(자동사)**

主动句 :　**主语(A)가 / 이 + 动词(自动词)**

사동문 :　**주어(B)가 / 이 + 대상(A)을 / 를 + 사동사**

使动句 :　**主语(B)가 / 이 + 对象(A)을 / 를 + 使动词**

주동문의 **주어(A)**는, 사동문에서는 동작 영향을 받는 **대상(A)**으로 되어
목적어가 된다.

主动句的**主语(A)**在使动句里, 变成接受行动影响的**对象(A)**, 来起宾语的作用。

사동문에서 사동사 동작의 주체자로 **주어(B)**가 표현되어야 한다.

使动句里一定得有使动词的主体, **主语(B)**。

주동문① : **얼음(A)**이 녹다.　　　　主动句① : **冰(A)**融化了。

사동문① : **철수(B)**가 **얼음(A)**을 녹이다. 使动句① : [哲洙](B)把冰(A)弄化了。

주동문② : **아기(A)**가 울다.　　　　主动句② : **婴儿(A)**哭了。

사동문② : **영희(B)**가 **아기(A)**를 울리다. 使动句② : [英喜](B)把婴儿(A)弄哭了。

－ 예문

　－ 例句

① **영희가** 감자를 잘 익혔다.   (익다 → 익히다)

  ① [英喜]把土豆煮得很熟。

② **철수는** 대로변에서 **택시를** 불러 세웠다.   (서다 → 세우다)

  ② [哲洙]在大街上叫出租车,出租车就停了下来。

⑶ 타동사의 사동문

  ⑶ 他动词的使动句

    주동문 : **주어(A)가 / 이** + **목적어(C)을 / 를** + 동사(타동사)
    主动句 : **主语(A)가 / 이** + **宾语(C)을 / 를** + 动词(他动词)

    사동문 : **주어(B)가 / 이** + **대상(A)에게** + **목적어(C)을 / 를** + **사동사**
    使动句 : **主语(B)가 / 이** + **对象(A)에게** + **宾语(C)을 / 를** + **使动词**

    주동문의 **주어(A)**는, 사동문에서 행위의 대상으로 영향을 받는 '**대상(A)에게**'
    로 표현.
    主动句的**主语(A)**在使动句里,变成接受行动影响的**对象(A)**,来起宾语的作用。
    사동문에서 사동사 동작의 주체자로 **주어(B)**가 표현되어야 한다.
    使动句里一定得有使动词的主体,**主语(B)**。

    주동문 : **아이(A)가 옷(C)을** 입다.   主动句 : 孩子(A) 穿衣服(C)。

    사동문 : **영희(B)가 아이(A)에게 옷(C)을** 입히다.

                        使动句 : [英喜](B)给 孩子(A) 穿衣服(C)。

- 예문

- 例句

① **어머니가 아이에게 우유를** 먹였다.   (먹다 → 먹이다)

  ① 妈妈给孩子喝牛奶。

② **영희는 동물 병원에** 강아지를 맡겼다.   (맡다 → 맡기다)

  ② [英喜]把小狗委托给宠物医院。

(4) 형용사의 사동문

(4) 形容词的使动句

주동문 : **창문(A)**이 낮다.　　主动句 : **窗户(A)**很低。

사동문 : **철수(B)**가 **창문(A)**을 **낮추다.**　使动句 : [哲洙](B)把**窗户(A)**弄低。

– 예문

　– 例句

① **서울시는 광화문 길을 넓혔다.**　　　　　　(넓다 → 넓히다)

① [首尔]市政府弄宽了[光化门]的道路。

② **학교에서 등교 시간을 한 시간 늦췄다.**　　　(늦다 → 늦추다)

② 学校把上学时间延后了一小时。

🐼 '–게 하다' 사동문
'–게 하다' 使动句

동작을 시킴을 의미하는 '–게 하다'를 동사 어간에 붙여서 사동의
의미를 갖도록 한다. 모든 동사가 이러한 표현을 갖는다.

　动词词干后,与使动意思的是 '–게 하다'连接来做使动词。

　所有动词都具有这样的表现。

(1) 사동사

(1) 使动词

죽다 → 죽게 하다, 녹다 → 녹게 하다, 앉다 → 앉게 하다, 살다 → 살게 하다
死 → 让 – 死,　融化 → 让 – 融化, 坐 →　让 – 坐,　活 →　让 – 活,

날다 → 날게 하다, 웃다 → 웃게 하다, 남다 → 남게 하다, 숨다 → 숨게 하다
飞 → 让 – 飞,　笑 →　让 – 笑,　留 →　让 – 留,　藏 →　让 – 藏,

자다 → 자게 하다, 가다 → 가게 하다, 쉬다 → 쉬게 하다, 뛰다 → 뛰게 하다
睡觉 → 让 – 睡觉, 走 →　让 – 走,　休息 → 让 – 休息, 跑 →　让 – 跑,

먹다 → 먹게 하다, 보다 → 보게 하다, 읽다 → 읽게 하다, 입다 → 입게 하다
吃 → 让 – 吃,　看 →　让 – 看,　读 →　让 – 读,　穿 →　让 – 穿,

잡다 → 잡게 하다, 업다 → 업게 하다, 알다 → 알게 하다, 물다 → 물게 하다

抓 → 让 − 抓, 背 → 让 − 背, 知道 → 让 − 知道, 咬 → 让 − 咬,

안다 → 안게 하다, 타다 → 타게 하다, 만나다 → 만나게 하다, 하다 → 하게 하다

抱 → 让 − 抱, 坐 → 让 − 坐, 见面 → 让 − 见面, 做 → 让 − 做

아래 동사는 접미사 활용에 의한 사동사는 없고 '−게 하다' 형태의 사동사만 존재한다.
　# 下面动词不存在使用接尾词的使动词,只存在 '−게 하다'形态的使动词。

가다, 주다, 만들다, 만나다, 보내다, 쉬다, 뛰다, 다치다 등과

하다, 공부하다 와 같은 −하다 동사.

　가다(走), 주다(给), 만들다(做), 만나다(见面), 보내다(送),

　쉬다(休息), 뛰다(跑), 다치다(受伤)等和跟공부하다(学习)一样的'−하다'动词。

'−이다'는 접미사 활용에 의한 사동사도 없고, '−게 하다' 형태의 사동사도 없다.
　# '−이다'不存在使用接尾词的使动词,也不存在 '−게 하다'形态的使动词。

(2) 자동사의 '−게 하다' 사동문

　(2) 自动词的 '−게 하다' 使动句

　　주동문 : **주어(A)**가 / 이 + 동사(자동사)

　　主动句 : **主语(A)**가 / 이 + 动词(自动词)

　　사동문 : **주어(B)**가 / 이 + **대상(A)**을 / 를 + **사동사**(−게 하다)

　　使动句 : **主语(B)**가 / 이 + **对象(A)**을 / 를 + **使动词**(−게 하다)

　주동문의 **주어(A)**는, 사동문에서 동작 영향을 받는 **대상(A)**이 되어 목적어가 된다.

　　主动句的**主语(A)**在使动句里,变成接受行动影响的**对象(A)**来起宾语的作用。

　주어(B)는 사동사 동작의 주체자

　　主语(B)是使动词的主体者。

주동문① : **아기(A)**가 울다.　　　　主动句① : **婴儿(A)**哭了。

사동문① : **영희(B)**가 **아기(A)**를 울게 하다.

　　　　　　　　使动句① : [英喜](B)把婴儿(A)弄哭了。

주동문② : **임산부(A)**가 자리에 앉았다.　　主动句② : **孕妇(A)**坐在座位上。

사동문② : **우리(B)**는 임산부(A)에게 자리에 앉게 하였다.

　　　　　　　　　　　使动句② : **我们(B)**让**孕妇(A)**坐在座位上。

(3) 타동사의 '–게 하다' 사동문

　　(3) 他动词的'–게 하다'使动句

　　주동문 : **주어(A)**가 / 이 + **목적어(C)**을 / 를 + 동사(타동사)

　　　主动句 : **主语(A)**가 / 이 + **宾语(C)**을 / 를 + 动词(他动词)

　　사동문: **주어(B)**가 / 이 + **대상(A)**에게 + **목적어(C)**을 / 를 + 사동사(–게 하다)

　　　使动句 : **主语(B)**가 / 이 + **对象(A)**에게 + **宾语(C)**을 / 를 + 使动词(–게 하다)

주동문의 '**주어(A)**가 / 이'는 사동문에서 행위의 영향을 받는 '**대상(A)**에게'로
표현된다.

　　主动句的 '**主语(A)**가 / 이'在使动句里, 变成接受行动影响的 '**对象(A)**에게'.

주어(B)는 사동사 동작의 주체자

　　主语(B)是使动词的主体者。

주동문 ③ : **아이(A)**가 **옷(C)**을 입다.　　主动句 ③ : **孩子(A)穿衣服(C)**。

사동문 ③ : **영희(B)**가 **아이(A)**에게 **옷(C)**을 입게 하다.

　　　　　　　　　　　使动句 ③ : **[英喜](B)**让**孩子(A)穿衣服(C)**。

(4) 예문

　　(4) 例句

　　④ 물을 끓여서 설탕을 녹게 하였습니다.　　　　　　　(녹다 → 녹게 하다)

　　　④ 烧水, 把糖溶化了。

　　⑤ 아버지께서는 할아버님을 시골에서 살게 하셨다.　　(살다 → 살게 하다)

　　　⑤ 父亲让爷爷住在了乡下。

　　⑥ 철수가 재미있는 얘기로 모두를 웃게 하였다.　　　(웃다 → 웃게 하다)

　　　⑥ [哲洙]以有趣的话, 让大家笑了起来。

　　⑦ 가족들은 나를 집에 남게 하고 전부 여행을 갔다.　　(남다 → 남게 하다)

　　　⑦ 家人把我留在家里, 全部都去旅行了。

⑧ 영희는 집에만 있는 나에게 친구를 만나게 해 주었다. (만나다 → 만나게 하다)

　　⑧ [英喜]让只呆在家里的我, 见到了朋友。

⑨ 아이들에게 유익한 TV 프로그램만 보게 해야 한다.　　(보다 → 보게 하다)

　　⑨ 一定得让孩子们看有益的电视节目。

⑩ 돌잡이하는 날 아이에게 연필을 잡게 하였다.

　　이는 이 다음에 공부를 열심히 하라는 의미다.　　　(잡다 → 잡게 하다)

　　⑩ 周岁宴叫孩子抓到笔, 意图是让他将来努力学习。

(4) '–게 하다' 사동문의 특징

　(4) '–게 하다'使动句的特征

　　㈎ 사동사의 시제 변화, 명령문, 청유문, 높임문 등의 활용은 어미 '하다' 부분에서 한다.

　　　㈎ 使动词用词尾 '하다'的变化, 来表示时态的变化, 及命令句, 劝导句和尊敬句等。

　　　① 우리가 임산부에게 자리에 앉게 하**다**.

　　　　① 我们让孕妇坐在座位上。

　　　② 우리가 임산부에게 자리에 앉게 하**였다**.

　　　　② 我们让孕妇坐在座位上了。

　　　③ 우리가 임산부에게 자리에 앉게 하**자**.

　　　　③ 我们让孕妇坐在座位上吧。

　　　④ 영희가 아이에게 옷을 입게 하**다**.

　　　　④ [英喜]让孩子穿上衣服。

　　　⑤ 영희가 아이에게 옷을 입게 하고 밖으로 나갔다.

　　　　⑤ [英喜]让孩子穿上衣服, 出门去了。

　　　⑥ 영희가 아이에게 옷을 입게 **했는데** 아이가 울음을 터트렸다.

　　　　⑥ [英喜]让孩子穿上衣服, 可是孩子却放声大哭。

　　　⑦ 어머니께서 아이에게 옷을 입게 하**였습니다**.

　　　　⑦ 妈妈让孩子穿上衣服。

ㄴ 사동문에서 대상(A)의 목적격 조사는 '에게/를/한테' 등이 있을 수 있으며
　대개의 경우 '에게'가 가장 자연스럽다.
　　ㄴ 使动句对象(A)的宾格助词, 可以是 '를/한테/에게', 但是 '에게'是最自然的。

　　　⑧ 아이(A)가 밥(C)을 먹었다 →
　　　　⑧ 孩子(A)吃了饭(C)。→
　　　⑧' 어머니(B)가 아이(A)에게 밥(C)을 **먹게 하였다.**
　　　⑧'' 어머니(B)가 아이(A)를 밥(C)을 **먹게 하였다.**
　　　⑧''' 어머니(B)가 아이(A)한테 밥(C)을 **먹게 하였다.**
　　　　⑧''' 妈妈(B)让孩子(A)吃了饭(C)。

ㄷ '먹다'의 사동사 '먹이다'와 '먹게 하다'
　ㄷ '먹다'(吃)的使动词 '먹이다'(喂)和 '먹게 하다'(让-吃)
'먹이다'는 한 가지 해석만 가능하고, '먹게 하다'는 두 가지 해석이 가능하다.
'먹이다'只有 '喂'的意思, '먹게 하다'有两个意思, '喂'和 '让-吃'。

　　⑧ 어머니가 아이에게 밥을 먹였다.
　　　⑧ 妈妈给孩子喂了饭。
　　　: **어머니가 밥을 먹이는 동작**을 하였다.　(밥을 먹인 행위자 : 어머니)
　　　　妈妈做了喂饭的动作。　　　　　　　　　(做喂饭动作的人 : 妈妈)
　　⑧ 어머니가 아이에게 밥을 **먹게 하였다.**
　　　⑧ 妈妈让孩子吃了饭。
　　　: **어머니가 밥을 먹이는 동작**을 하였다.　(밥을 먹인 행위자 : 어머니)
　　　　妈妈做了喂饭的动作。　　　　　　　　　　　　(行为人 : 妈妈)
　　　: 밥을 먹으라는 어머니 얘기를 듣고 **아이가 밥을 먹었다.** (행위자 : 아이)
　　　　听到妈妈让孩子吃饭的话, 孩子吃了饭。　　　　(行动者 : 孩子)

피동문 被动句

🐼 피동문의 기본
被动句的基本

> – 다른 사람이나 다른 힘에 의해 동작을 당하는 것을 피동이라 하고 이를 표현하는 문장을 피동문이라 한다.
>   – 受到他人的影响或受到外力而发生动作,叫被动,表现这样的句子,叫被动句。

– 피동문은 능동문과 반대되는 개념의 문장이다.
  – 被动句是与能动句相反的句子。

능동 : 주어가 스스로 동작을 행하고 동작의 영향도 받는다.

   能动 : 主语发出动作,也受到动作的影响。

피동 : 주어가 다른 사람 또는 다른 힘에 의해 동작의 영향을 받는다.

   被动 : 主语被他人或别的外力影响而发生动作。

🐼 피동문의 두 가지 방법
做被动句的两个方法

(ㄱ) 능동의 동사에 접미사를 삽입하여 피동사를 만들어 사용. (접미사 피동)

  (ㄱ) 能动动词利用接尾词,使用被动词来做被动句的方法。 (接尾词被动)

(ㄴ) 능동의 동사 어간에 '– 어지다'를 추가하여 사용하는 방법이 있다.

  (– 어지다 피동)

  (ㄴ) 在能动动词词干后面,连接'– 어지다'来做被动句的方法。 (– 어지다被动)

🐼 접미사를 삽입한 피동사를 활용한 피동문
使用添加接尾词,用被动词的被动句。

(1) 능동사 → 피동사

 (1) 能动词 → 被动词

  (ㄱ) 능동사 어간과 어미 사이에 접미사 ('–이–', '–히–', '–리–', '–기–')를
      삽입하여 피동사를 만든다.

(ㄱ) 在能动词词干和词尾的中间，添加接尾词('-이-', '-히-', '-리-', '-기-')
来做被动词。

놓다 → 놓이다,   파다 → 파이다,   섞다 → 섞이다,   쓰다 → 쓰이다
　放 → 被放,　挖 → 被挖,　混合 → 被混合,　用 → 被使用

보다 → 보이다,   바꾸다 → 바뀌다,   나누다 → 나뉘다
　看 → 显现,　变,换 → 变,换,　分为 → 被分为

닫다 → 닫히다,   먹다 → 먹히다,   읽다 → 읽히다,   잡다 → 잡히다
　关 → 关上,　吃 → 被吃,　读 → 被阅读,　抓,捕获 → 被捕

밟다 → 밟히다,   묻다 → 묻히다,
　踏 → 被踏,　埋 → 被埋在,

열다 → 열리다,   팔다 → 팔리다,   풀다 → 풀리다,   물다 → 물리다
　开 → 开,　卖 → 被卖,　解开 → 被解开,　咬 → 被咬

누르다 → 눌리다,   듣다 → 들리다
　按 → 被按住,　听 → 被听见,

안다 → 안기다,   감다 → 감기다,   쫓다 → 쫓기다,   빼앗다 → 빼앗기다
　抱 → 被抱,　缠 → 被缠,　追赶 → 被追赶,　抢夺 → 被抢夺

아래 동사는 접미사 변형으로 피동사화 되지 않는 동사들이다.
 # 下面动词是不能使用接尾词来变成被动词的动词。

가다, 주다, 만들다, 만나다, 보내다, 쉬다, 뛰다, 다치다, 찾다, 그리다, 얻다,
알다, 배우다, -하다 동사 등과 사동사.

가다(走), 주다(给), 만들다(做), 만나다(见面), 보내다(送), 쉬다(休息),
뛰다(跑), 다치다(受伤), 찾다(找), 그리다(思念), 얻다(得到), 알다(知道),
배우다(学习), '-하다'动词等和使动词。

(ㄴ) '-하다' 동사는 '-되다', '-받다', '-당하다'를 피동사로 활용한다.
　(ㄴ) '-하다'动词以 '-되다', '-받다', '-당하다'来做被动词。

-하다 → -되다 : 일반적인 동사

-하다 → -되다 : 一般动词

건설하다 → 건설되다, 결정하다 → 결정되다, 반복하다 → 반복되다
建设 → (被)建设, 决定 → (被)决定, 反复 → (被)反复

발표하다 → 발표되다, 설치하다 → 설치되다, 정복하다 → 정복되다
发表 → (被)发表, 设置 → (被)设置, 征服 → 被征服

증명하다 → 증명되다, 포함하다 → 포함되다 등
证明 → (被)证明, 包括 → (被)包括 等

-하다 → -받다 : 혜택의 의미가 있는 동사
-하다 → -받다 : 有得到好处意义的动词

교육하다 → 교육받다, 사랑하다 → 사랑받다, 훈련하다 → 훈련받다
教育 → 受教育, 爱 → 受宠爱, 训练 → 接受训练

주문하다 → 주문받다 등
下单 → 接单 等

-하다 → -당하다 : 피해를 입는 동사
-하다 → -당하다 : 有受害意思的动词

고문하다 → 고문당하다, 공격하다 → 공격당하다, 납치하다 → 납치당하다
刑讯 → 受刑讯, 攻击 → 遭到攻击, 绑架 → 被绑架,

모욕하다 → 모욕당하다, 살해하다 → 살해당하다, 해고하다 → 해고당하다
侮辱 → 被侮辱, 杀害 → 被杀害, 解雇 → 被解雇

⑵ 피동문 형태
⑵ 被动句形式

능동문 : **주어(A)이 / 가** + **목적어(C)을 / 를** +능동사
能动句 : **主语(A)이 / 가** + **宾语(C)을 / 를** +能动词

피동문 : **주어(C)이 / 가** + **대상(A)에게 / 에 의해** + 피동사
被动句 : **主语(C)이 / 가** + **对象(A)에게 / 에 의해** + 被动词

능동문에서 **주어(A)이 / 가**는 피동문에서 '**대상(A)에게/에 의해**' 형태로 행위자를 표시.

能动句的 '**主语(A)이 / 가**'在被动句里变成'**对象(A)에게 / 에 의해**'的形式来表示 行为者。

능동문의 **목적어(C)**는 피동문에서 **주어(C)**로 **대상(A)**에 의해 영향을 받음을 표시.

能动句的**宾语(C)**在被动句里变成**主语(C)**,来表示被**对象(A)**受到影响。

능동문 ①' : 경찰이(A)가 강도(C)를 잡다.   能动句①' : **警察(A)**抓住强盗(C)。

피동문 ① : **강도(C)**가 **경찰(A)**에게 잡히다.   被动句① : **强盗(C)**被**警擦(A)**抓住。

능동문 ②' : **철수(A)**가 **창문(C)**을 닫다.   能动句②' [**哲洙**](A)关窗户(C)。

피동문 ② : **창문(C)**이 **철수(A)**에 의해 닫히다. 被动句② 窗户(C)被[**哲洙**](A)关上了。

(3) 피동문의 특징

(3) 被动句的特征

㈀ '~에게' 와 '~에 의해'

㈀ '~에게'和 '~에 의해'

피동문의 **주어(C)**가 사람 / 동물인 경우 '**대상(A)에게 / 에 의해**' 둘 다 가능하나,
무생물인 경우는 '**대상(A)에 의해**'가 자연스럽다.

被动句的**主语(C)**是人 / 动物的话,用'**对象(A)**에게 / 에 의해' 两个助词就可以。
是无生物的话,用'**对象(A)에 의해**'自然的。

① **강도(C)**가 **경찰(A)**에게 잡히다.   (O)

① **强盗(C)**被**警擦(A)**抓住。

①' **강도(C)**가 **경찰(A)**에 의해 잡히다.   (O)

② **창문(C)**이 **철수(A)**에 의해 닫히다.   (O)

② **窗户(C)**被[**哲洙**](A)关上了。

②" **창문(C)**이 **철수(A)**에게 닫히다.   (×)

㈁ 피동문에서 동작의 주체가 명확한 경우에 '**~에게 / ~에 의해**'가 생략되기도
한다.

㈁ 在被动句里,动作的主体明确时,可以省略。

③ 비가 많이 와서 길이 크게 파였다.

③ 雨下得很大,路面塌陷得很深。

← 비가 많이 와서 (**비에 의해**) 길이 크게 **파였다.**

 ← 雨下得很大,(因为雨)路面塌陷得很深。

 (ㄷ) 피동사의 활용 변화는 어간 뒤 어미 '-다' 부분에서 한다.

  (ㄷ) 被动词活用变化,要用在词干后面词尾'-다'的部分。

(3) 예문

 (3) 例句

 ④ 지하철에서 옆 사람에게 발이 **밟혔다.**   (밟히-다 → 밟히-었다)

  ④ 坐地铁时,被旁人踩了一脚。

 ⑤ 방심을 하는 사이에 경쟁자에게 선두를 **빼앗기고** 말았다.

  ⑤ 一不留神,就被竞争对手抢走了第一名。 (빼앗기-다 → 빼앗기-고)

 ⑥ 공원에 미아 신고 센터가 **설치되었다.**   (설치되-다 → 설치되-었다)

  ⑥ 公园里设立了走失儿童服务中心。

 ⑦ 에베레스트산은 1953년 힐라리에 의해 **정복되었다.** (정복되-다 → 정복되-었다)

  ⑦ 珠穆朗玛峰1953年,被希拉里征服了。

 ⑧ 일정 수준의 **교육을 받아야** 승진을 할 수 있다.   (받-다 → 받-아야)

  ⑧ 接受一定程度的教育,才能晋升。

 ⑨ 그는 동료에게 **모욕을 당하고** 사표를 냈다.   (당하-다 → 당하-고)

  ⑨ 他被同事侮辱,递交了辞呈。

(4) 피동 형태로만 쓰이는 관용적 표현

 (4) 只用被动形式的表现。

 감기에 **걸리다**(得了感冒),   마음에 **걸리다**(牵挂,放心不下),

 법에 **걸리다**(犯法,被抓住),   일이 **풀리다**(事情被解决),

 날씨가 **풀리다**(天气转暖),   눈이 **풀리다**(眼睛模糊),

 맥이 **풀리다**(泄气),   일이 **밀리다**(工作被积压),

 주문이 **밀리다**(供不应求),   차가 **밀리다**(车堵得很),

 길이 **밀리다**(路上堵车),   길이 **막히다**(路上堵车,寸步难行)

 말문이 **막히다**(无言以对),   기가 **막히다**(气不打一处来),

 눈이 **뒤집히다**(很吃惊),   못이 **박히다**(被留下创伤)

 일이 안 **잡히다**(工作难以集中), 속이 **보이다**(被看穿了) 等。

(5) 관용적 표현의 예문

(5) 只用被动形式的例句

⑩ 날씨가 풀리고 눈이 녹고 정말 봄이 온 것 같다.

⑩ 天气转暖,冰雪融化,好像春天来了。

⑪ 요새는 주문이 밀려서 제 시간에 퇴근이 어렵다.

⑪ 最近供不应求,准时下班很难。

⑫ 이 대리가 최근 일이 손에 안 잡히는 모양이네.

⑫ 李代理最近好像工作难以集中。

⑬ 철수는 감기에 심하게 걸려서 회사에 가지 못했다.

⑬ [哲洙]得了重感冒,不能去上班了。

🐼 '-아 / 어지다'를 활용한 피동문
用'-아 / 어지다', 来做被动句

– 동작을 당함을 뜻하는 '-아 / 어지다'를 동사 어간에 붙인 피동사를 활용한다.

– '-아 / 어지다'有受到影响的意思,在词干后面连接 '-아 / 어지다'来做被动句。

(1) '-아 / 어지다' 피동사

(1) '-아 / 어지다'被动词

(ㄱ) 동사 / 사동사 → 피동사

(ㄱ) 动词 / 使动词 → 被动词

만들다(做) → 만들어지다   (被做出来)

읽히다(让-读) → 읽혀지다   (읽히- + -어지다)   (被阅读)

밝히다(照亮) → 밝혀지다   (밝히- + -어지다)   (亮起来,被查出来)

(ㄴ) 형용사 → 피동사

(ㄴ) 形容词 → 被动词

낮다(低) → 낮아지다(降低),   넓다(宽) → 넓어지다(变宽)

예쁘다(漂亮) → 예뻐지다(变漂亮),   슬프다(悲伤) → 슬퍼지다(感到悲伤)

환하다(明亮) → 환해지다(变明亮)

(2) 형태

(2) 形式

능동문 : **주어(A)**이 / 가 + **목적어(C)** +동사(타동사)

　能动句 : **主语(A)**이 / 가 + **宾语(C)** +动词(他动词)

피동문 : **주어(C)**이 / 가 + **대상(A)**에 의해 + **피동사**(−어지다)

　被动词 : **主语(C)**이 / 가 + **对象(A)**에 의해 + **被动词**(−어지다)

능동문의 **주어(A)**는 피동문에서 '**대상(A)**에 의해' 형태로 동작 행위의 주체를 표현.

　能动句的'**主语(A)**이 / 가'在被动句里变成'**对象(A)**에게/에 의해'的形态来表示施动者。

능동문에서 동작의 대상 **목적어(C)**는

피동문에서 **주어(C)**로 **대상(A)**에 의해 영향을 받음을 나타낸다.

　能动句行为的对象**宾语(C)**在被动句里变成**主语(C)**,

　来表示被**对象(A)**受到影响。

능동문① **조선회사(A)**가 병원선(C)을 만들었다.

　　　　　　　　　　　　能动句① **造船公司(A)**建造了**医院船(C)**。

피동문 ① **병원선(C)**이 **조선회사(A)**에 의해 만들어졌다.

　　　　　　　　　　　　被动句① **医院船(C)**被**造船公司(A)**建造了。

능동문② **경찰(A)**이 범죄 사실(C)을 밝혔다.

　　　　　　　　　　　　能动句② **警察(A)**查出来了**犯罪事实(C)**。

피동문② **범죄 사실(C)**이 **경찰(A)**에 의해 밝혀졌다.

　　　　　　　　　　　　被动句② **犯罪事实(C)**被**警察(A)**查出来了。

(3) '−아 / 어지다' 피동문의 특징

　(3) '−아 / 어지다'被动句的特征

　㈀ '−아 / 어지다'의 시제 변화 등의 어미 변화는 '지다' 부분에서 한다.

　　㈀ '−아 / 어지다' 动词的词尾活用变化,要用在 '지다'部分。

　　① 범죄 사실이 경찰에 의해 밝혀지**다**.

　　　① 犯罪事实(C)被警察(A)查出来。

　　②′ 범죄 사실이 경찰에 의해 밝혀**졌다**.

　　　②′ 犯罪事实(C)被警察(A)查出来了。

③″ 범죄 사실이 경찰에 의해 밝혀지니 모두들 분노하였다.

    ③″ 犯罪事实(C)被警察(A)查出来了,大家非常愤怒。

④‴ 범죄 사실이 경찰에 의해 밝혀지고 범인은 구속되었다.

    ④‴ 犯罪事实(C)被警察(A)查出来了,犯人被拘留了。

(ㄴ) 능동문의 주어(A)가 피동문에서 대상(A)로 역할 변동을 할 시 조사는

    '에게/에 의해'가 있을 수 있는데 대개의 경우 '에 의해' 가 가장 자연스럽다.

    (ㄴ) 能动句的主语(A)变到被动句的对象(A)时,

        可以用助词'에게/에 의해', 可是通常情况下'에 의해'是更自然的。

⑤ 해수면이 달의 인력에 **의해** 높아지고 낮아진다.

    ⑤ 海平面被月球的引力变得忽高忽低。

(4) 예문

  (4) 例句

⑧ 이 책은 많은 독자에 의해 **읽혀졌다**.   (읽혀지-다 → 읽혀지-었다)

    ⑧ 这本书被很多读者读过。

⑨ 식당에서 누군가에 의해 좌석이 **바뀌어졌다**. (바뀌어지-다 → 바뀌어지-었다)

    ⑨ 食堂里座位被人换了。

⑩ 바람에 의해 창문이 **닫혀지면서** 유리가 **깨졌다**.   (닫혀지다 → 닫혀지-면서)

    ⑩ 窗户被风给刮关上了,玻璃都碎了。   (깨지-다 → 깨지-었다)

⑪ 그 소식을 듣고 갑자기 **슬퍼졌다**.   (슬퍼지-다 → 슬퍼지-었다)

    ⑪ 听到那个消息,顿时悲伤起来。

⑫ 공사를 하니 길이 시원하게 **넓어졌다**.   (넓어지-다 → 넓어지-었다)

    ⑫ 施工一完成,道路变得宽敞干净。

⑬ 사람의 내면은 좀처럼 보여지지 않고 외면만 **보여진다**.

    ⑬ 人的内心不容易被看清楚,只能看到外表。   (보여지-다 → 보여지-ㄴ다)

아이에 옷을 입히다.
给孩子穿衣服。

강도가 경찰에 잡히었다.
强盗被警察抓住了。

토끼가 풀을 먹다.
兔子吃草。

토끼에게 풀을 먹이다.
给兔子喂草。

토끼가 호랑이에게 먹히다.
兔子被老虎吃掉。

문제 问题

01 다음 중 접미사를 삽입한 사동사가 잘못된 것은 어느 것인가?
下面生词中,哪个是错的接尾词的使动词？

① 속다 – 속이다 　　　　② 입다 – 입히다
③ 웃다 – 웃리다 　　　　④ 자다 – 재우다

02 다음 중 접미사를 삽입한 사동사가 잘못된 것은 어느 것인가?
下面生词中,哪个是错的接尾词的使动词？

① 알다 – 알리다 　　　　② 맡다 – 맡기다
③ 보다 – 보이다 　　　　④ 밝다 – 밝추다

03 다음 예문의 사동문을 올바르게 표현한 것은 어느 것인가?
下面例句中,哪个是表达正确的使动句？

> 예문(例句) : 감자가 잘 익다. 土豆熟透了。

① 영희가 감자를 잘 익히다. 　　② 영희가 감자를 잘 익다.
③ 영희가 감자가 잘 익히다. 　　④ 영희가 감자가 잘 익다.

04 다음 예문의 사동문을 올바르게 표현한 것은 어느 것인가?
下面例句中,哪个是表达正确的使动句？

> 예문(例句) : 아이가 우유를 먹었다. 孩子喝了牛奶。

① 어머니가 아이에게 우유를 먹었다.
② 어머니가 아이에게 우유가 먹었다.
③ 어머니가 아이가 우유를 먹였다.
④ 어머니가 아이에게 우유를 먹였다.

05 다음 예문의 ( ) 안에 적합한 것을 모두 고르시오.

请选出下面括号里,所有正确的生词。

예문(例句) : 철수가 물을 끓여서 설탕을 (   ).

① 녹았다   ② 녹이다

③ 녹였다   ④ 녹게 하였다

06 다음 중 접미사를 삽입한 피동사가 잘못된 것은 어느 것인가?

下面生词中,哪个是错的接尾词的被动词？

① 닫다 – 닫히다   ② 팔다 – 팔리다

③ 듣다 – 들리다   ④ 쫓다 – 쫓히다

07 다음 중 '–하다' 의 피동사 형태로 잘못된 것은 어느 것인가?

下面生词中,哪个是错的被动词？

① 결정하다 – 결정되다   ② 교육하다 – 교육당하다

③ 주문하다 – 주문받다   ④ 공격하다 – 공격당하다

08 다음 중 능동문에서 피동문 전환이 잘못된 것은 어느 것인가?

下面句子中,哪个被动句是从能动句转变错的？

① 능동 : 경찰이 강도를 잡았다.

　　피동 : 강도가 경찰에 잡혔다.

② 능동 : 철수가 창문을 닫았다.

　　피동 : 창문이 철수에게 닫혔다.

③ 능동 : 공원에 미아 신고 센터를 설치하였다.

　　피동 : 공원에 미아 신고 센터가 설치되었다.

④ 능동 : 지하철에서 옆 사람이 발을 밟았다.

　　피동 : 지하철에서 옆 사람에게 발이 밟혔다.

09 다음 예문의 (   ) 안에 들어 갈 내용으로 적합한 조합은?

下面括号里,哪个是正确的生词？

> 예문(例句) : 감기에 심하게 (㉠) 일이 손에 안 (㉡).

① ㉠ 걸어서 ㉡ 잡는다　　　　② ㉠ 걸어서 ㉡ 잡힌다

③ ㉠ 걸리니 ㉡ 잡는다　　　　④ ㉠ 걸리니 ㉡ 잡힌다

10 다음 예문의 (   ) 안에 들어 갈 내용으로 적합한 조합은?

下面括号里,哪个是正确的生词？

> 예문(例句) : 태풍에 의해 다리는 (㉠), 창문은 심하게 (㉡) 창문 유리가 (㉢).

	㉠	㉡	㉢
①	끊어지고	닫아서	깨졌다
②	끊고	닫혀지면서	깼다
③	끊어지고	닫혀지면서	깨졌다
④	끊어지고	닫아서	깼다

🪭 정답(答案)

01　③ : ③ '웃다'(笑) – '웃기다'(逗–笑)

　　　　① 속다(上当) – 속이다(欺骗).

　　　　② 입다(穿) – 입히다(让–穿)

　　　　④ 자다(睡觉) – 재우다(让–睡着)

02　④ : ④ '밝다'(亮) – '밝히다'(照亮)

　　　　① 알다(知道) – 알리다(告知).

　　　　② 맡다(受委托) – 맡기다(委托)

　　　　③ 보다(看) – 보이다(让–看)

03　① : 주동문 : 감자가 잘 익다.

　　　　主动句 : 土豆熟透了。

　　　　사동문 : 영희가 감자를 잘 익히다.

　　　　使动句 : [英喜]把土豆煮得很熟。

04　④ : 주동문 : 아이가 우유를 먹었다.

　　　　主动句 : 孩子喝了牛奶。

사동문 : **어머니가** 아이에게 우유를 <u>먹였다.</u>

　使动句 : 妈妈给孩子喂了牛奶。

주동사 '먹다'의 과거형은 '**먹었다**'

　主动词 '먹다'(吃)的过去时是 '**먹었다**'(吃)。

사동사 '먹이다'의 과거형은 '**먹였다**'(먹이- + -었- + -다 → 먹였다)

　使动词 '먹이다'(喂)的过去时是 '**먹였다**'(喂)。

05 ②, ③, ④ : '철수는 물을 끓여서 설탕을 (　　)'는 사동문, (　)에는 사동사가 적합.

　　　　　 : '[哲洙]烧开水把糖(　　)'是使动句形态,所以(　)里一定有使动词。

　　① '녹았다'는 '녹다'의 과거형으로 주동사는 적합하지 않다.

　　　① '녹았다'(融化)是主动词 '녹다'(融化)的过去时,是不正确的。

　　② '녹이다'는 '녹다'의 사동사로 적합.

　　　② '녹이다'(弄化)是'녹다'(融化)的使动词,是正确的。

　　③ '녹였다'는 사동사 '녹이다'의 과거형으로 적합.

　　　③ '녹였다'(弄化)是使动词 '녹이다'的过去时,是正确的。

　　④ '녹게 하였다'는 '-게 하다' 형태의 사동사의 과거형.

　　　④ '녹게 하였다'(使-融化)是'-게 하다'形态,使动词的过去时。

06 ④ : ④ '쫓다'(追赶) - '**쫓기다**'(被追赶)。

07 ② : ② '교육하다'(教育) - '**교육받다**'(受教育)。

08 ② : ② 능동 : 철수가 창문을 닫았다.

　　　피동 : '창문이 **철수에 의해** 닫혔다.'

　　② 能动 : [哲洙]把窗户关上了。

　　　被动 : 窗户被[哲洙]关上了。

　　① 能动 : 警察把强盗抓住了。

　　　被动 : 强盗被警察抓住了。

　　③ 能动 : 公园里设立了走失儿童服务中心。

　　　被动 : 公园里走失儿童服务中心被设立了。

　　④ 能动 : 坐地铁时,旁人踩了一脚。

　　　被动 : 坐地铁时,被旁人踩了一脚。

09 ④ : ④ 감기에 심하게 (㉠ 걸리니) 일이 손에 안 (㉡ 잡힌다).

　　　 : 得了重感冒,工作难以集中。

10 ③ : 태풍에 의해 다리는 끊어지고, 창문은 심하게 닫혀지면서 창문 유리가 깨졌다.

　　　　因为台风,梁桥被吹断了,窗户被重重地关上,玻璃破碎了。

　　㉠ 끊다(断) → **끊어지다**(被断开)

　　㉡ 닫다(关) → **닫혀지다**(被关上)

　　㉢ 깨다 (打碎) → **깨어지다 / 깨지다**(被破碎)

⑭ 한국의 속담 – '어려움을 겪는다'는 속담

　⑭ 关于'遇到困难'的俗语

– 가는 날이 장날이다.

– 直译) 去的那天正好是赶集的日子。事不凑巧。

모처럼 찾아갔지만 장이 열리는 날이라 원하는 바를 이룰 수가 없었다는 의미로,

어떤 일을 하려는데 공교롭게 뜻하지 않은 일로 인해 난처하게 되다.

　意思是计划要做的事, 碰到发生别的事, 或者是要办某事,

　碰巧遇到了意外的事, 所以很尴尬。

– 가랑비에 옷 젖는다.

– 细雨绵绵湿透衣。小雨湿衣裳。

가늘게 내리는 비는 조금씩 젖어 들기 때문에 옷 젖는 줄 모르지만 어느 순간 옷이 젖었음을

알게 된다는 의미로, 아무리 사소한 것이라도 계속되면 무시하지 못할 정도로 크게 된다라는

의미이다.

　由于雨丝太细, 甚至都感觉不出来下雨, 等发现时衣服已被淋湿。

　比喻无论再细小的事, 如果循环往复, 最后就会成为不可忽视的大事。

– 갈수록 태산

– 越走越是泰山。表示越走越困难, 困难重重。

일이 진행될수록 점점 더 상황이 어려워지는 것을 비유한 내용이다.

　比喻事情越搞越遭。比喻处境越来越困难。

– 겉보리 서 말이면 처가살이는 안 한다.

– 如果家里有三斗麦皮的话, 绝对不当倒插门女婿。

'결혼은 했으나 매우 가난해서 처가집에서 생활을 할 수밖에 없는 경우' 이는 매우 부끄러운 일

이므로, 최소한의 여유만 있다면 되도록 처가집의 신세를 지지 않는다는 의미이다.

　结婚了, 可是很穷。所以只能在丈母娘家生活, 很无耐, 很惭愧。

　如果富裕一点儿的话, 尽量不要在丈母娘家里生活。

– 고래 싸움에 새우등 터진다.

– 鲸鱼争斗, 虾背受伤。城门失火, 殃及池鱼。

강한 자들끼리 싸우는 통에 약한 자가 중간에 끼어 피해를 보게 됨을 비유적으로 표현.

　强者打架, 弱者受损害。

- 고양이 목에 방울 달기

  - 直译) 给猫脖子上挂铃铛。执行起来很难的事。

  실행하기 어려운 일을 비유

  쥐들이 모여서 고양이 목에 방울을 달아서 고양이가 오는 것을 알아차리게 하자는 논의를
  하였으나 누가 고양이 목에 방울을 달 것인가에 대해서는 난감해 하였다는 이야기에서 비롯된
  속담이다.

  比喻执行起来很难的事。老鼠聚在一起讨论，如果能把铃铛挂在猫脖子上的话，

  就会知道猫来了。但是很尴尬的是，谁敢去把铃铛挂在猫脖子上呢？

- 내 코가 석자

  - 吾鼻三尺。爱莫能助。泥菩萨过河，自身难保。

  나의 콧물이 석자나 되어서 내 콧물 닦기도 바빠서 다른 사람을 도와주거나 돌볼 겨를이 없다.
  내 앞에 닥친 일이 더 시급하여 남을 돌보아 주거나 도와 줄 여유가 없다.

  我的鼻涕流了三尺长，忙于擦鼻涕，无暇旁顾。

  我面前的事更紧迫，没时间去照顾和帮助别人。

- 눈코 뜰 새 없다.

  - 忙得不可开交。

  눈을 뜨고 코로 숨을 쉴 겨를도 없이 바쁘다. 정신을 못 차릴 정도로 몹시 바쁘다.

  忙得不可开交。

- 다 된 죽에 코 빠뜨린다.

  - 做好的粥里掉进了鼻涕。弄坏了快成的事。形容功亏一篑。

  겨우 죽을 만들었는데 콧물을 빠뜨려서 못 먹게 되었다라는 의미로
  완성이 눈앞인데 낭패를 보는 경우를 비유한 내용이다.

  好不容易熬好的粥，流进了鼻涕就吃不了。眼看完成的事，因为一些小事却没完成。

- 닭 쫓던 개 지붕 쳐다본다.

  - 追鸡之犬，徒望屋脊。无可奈何。逐鸡望篱。

  개에게 쫓기던 닭이 지붕으로 올라가자 개는 올라가지 못하고 지붕만 쳐다본다는
  뜻으로 애써 하던 일이 실패로 돌아가거나 어찌할 도리가 없게 되는 경우를 비유.

  被狗追赶的鸡飞上了房顶，狗上不了房顶，只好望着房顶。

  比喻努力做的事失败了，却无可奈何。

– 독 안에 든 쥐

– 甕中之鱉

궁지에서 벗어날 수 없는 처지를 비유적으로 표현한 속담이다.

无法摆脱困境的情况。

– 마른 하늘에 날벼락

– 晴天霹雳

뜻하지 않은 상황에서 뜻밖의 재난을 당하는 경우를 표현한 내용이다.

在意外情况下，又遭遇到意外灾难。

– 밑 빠진 독에 물 붓기

– 向露底的缸里灌水。表示徒劳的努力。

아무 소용이 없는 일을 계속하는 경우를 비유한 내용이다.

比喻继续做毫无用处的事情。

– 불난 집에 부채질

– 火上浇油

어려운 처지에 있는 상황을 더 어렵게 만드는 것을 비유한 내용이다.

已经处在境遇困难的情况下，使情况更加困难了。

– 설상가상

– 雪上加霜

눈 위에 서리까지 내린다라는 뜻으로 어려운 일이 겹쳐서 일어나는 경우를 비유하였다.

意思是在雪上还加上了一层霜，比喻困难重重。

– 외눈에 안질

– 直译)只有一只眼睛，却得了眼疾。祸不单行。

눈이 하나 밖에 없는데 눈병까지 걸렸다라는 뜻으로
어렵거나 불행한 일이 겹쳐 일어나는 경우를 비유하였다.

比喻已经在很困难的情况下，不幸的事情却叠加发生。

제17장

높임법 敬语法

높임법 敬语法

말하는 사람보다 듣는 사람의 신분이 높거나 나이가 많을 경우에 높임법을 사용한다.
　听者比话者身份高或者年龄大时,使用敬语法。
또는 전달하는 내용상, 대상의 신분이 높거나 나이가 많을 경우 존경의 의미를 담아
높여서 경어를 사용한다.
　或者在转述的内容里,对象的身份高或年长时,用敬语。

🐼 높임 표현의 방법
　表达敬语的方法

(1) 일반적인 높임

　⑴ 一般敬语法

　㉠ 용언 '-다' 앞에 '-(으)시-' 를 삽입하여 높임을 표현한다.

　　㉠ 在谓词的 '-다'前面,添加'-(으)시-'来表示敬语。

　　　가다(去)　→ 가시다,　　오다(来) → 오시다,　　　　있다(有) → 있으시다
　　　타다(上车) → 타시다,　　내리다(下车) → 내리시다,
　　　앉다(坐)　→ 앉으시다,　　일어나다(起来) → 일어나시다

　㉡ 높임 용언은 '-다' 앞이 어간이 되어 어미 '-다'가 시제 변화 등의 어미
　　변화를 한다.

　　㉡ 敬语谓词'-다'的前面是词干,词尾'-다'根据时态等会变化。

할아버지**께서**#¹ 기차 역에 **가시다.**   가시− + −다   (높임 기본형)

      爷爷去火车站。   (敬语基本形)

할아버지**께서** 기차 역에 **가신다.**   가시− + −ㄴ다   (현재형)

      爷爷在去火车站。   (现在时)

할아버지**께서** 기차 역에 **가셨다.**   가시− + −었다   (과거형)

      爷爷去了火车站。   (过去时)

할아버지**께서** 기차 역에 **가실 것이다.** 가시− + −ㄹ 것이다 (미래형)

      爷爷要去火车站。(将来时)

그 외 '가시− + −고', '가시− + −니', '가시− + −면' 등의 어미 변화를 한다.

另外'가시 + −고'(去后), '가시 + 니'(因为去), '가시 + 면'(去的话)等词尾会变化。

#¹ 특수 어휘 높임 (조사)   #¹ 特殊生词敬语(助词)

(2) 특수 어휘 높임

(2) 特殊生词敬语法

특정 동사, 특정 명사, 특정 조사를 사용하여 높임 표현을 한다.

使用特殊动词,特殊名词或特殊助词来表示敬语。

(ㄱ) 특수 동사 높임 (特殊动词敬语)

  (ㄱ) 자다(睡) → **주무시다**(就寝), 죽다(死) → **돌아가시다**(去世), 묻다(问) → **여쭙다**(请问), 주다(给) → **드리다**(献给), 데리다(带) → **모시다**(陪同), 만나다(见) → **뵙다**(拜见), 아프다(疼) → **편찮으시다**(不舒服), 먹다(吃) → **드시다/잡수시다**(用餐), 있다(在) → **계시다**(在)#²

        #² '있다'의 높임 표현으로 '있으시다'와 '계시다'가 있다.
        #² '있다'(有,在)的敬语有两个表现 '있으시다'和 '계시다'。
        '있으시다'는 소유의 높임 표현, '계시다'는 존재의 높임 표현이다.
        '있으시다'(有)是拥有意义的敬语, '계시다'(在)是存在意义的敬语。

(ㄴ) 특수 명사 높임(特殊名词敬语法)

  밥(饭) → **진지**(膳食), 나이(岁) → **연세**(年纪), 말(话) → **말씀**(语言), 이름(名字) → **성함**(姓名), 집(家) → **댁**(宅), 생일(生日) → **생신**(寿辰), 술(酒) → **약주**(酒), 이(牙) → **치아**(牙齿), 자식(孩子) → **자제분**(子女)

- 님 높임

아버지(爸爸) → **아버님**, 어머니(妈妈) → **어머님**, 누나(姐姐) → **누님**,

형(哥哥)→ **형님**, 선생(老师) → **선생님**, 교수(教师) → **교수님**,

딸(女儿) → **따님**, 아들(儿子) → **아드님**, 사장(社长) → **사장님**,

과장(课长) → **과장님**, 김철수([金哲洙]) → **김철수님**

(ㄷ) 특수 조사 높임 (特殊助词敬语)

(ㄷ) 이/가 → **께서**, 은/는 → **께서는**, 에게 → **께**

(3) 겸양 표현

(3) 谦恭的方式

- 자신을 낮추어 표현하는 방법이다.

- 屈尊自己的表达方式。

(ㄱ) 대명사(代词)

나(我) → **저**, 내(我) → **제**, 우리(我们) → **저희**

(ㄴ) 동사(动词)

어간과 어미 '-다' 사이에 '-겠습니-'를 삽입하여 겸양을 표현.

词干和词尾 '-다'的中间,添加 '-**겠습니**-'来表示谦恭。

가다(去) → **가겠습니다**, 오다(来) → **오겠습니다**

받다(受) → **받겠습니다**, 듣다(听) → **듣겠습니다**

 # **높임의 종류** 敬语法的种类

(ㄱ) **상대 높임** : 듣는 상대방(청자)을 높이는 어법이다.

(ㄱ) 听者敬语法 : 对听者的尊敬。

(ㄴ) **주체 높임** : 동작의 주체(인물)를 높이는 어법이다.

(ㄴ) 主体敬语法 : 对行为主体(人物)的尊敬。

(ㄷ) **객체 높임** : 동작의 대상(인물)을 높이는 어법이다.

(ㄷ) 客体敬语法 : 对行为对象(人物)的尊敬。

- 예문 :

  - 例句 :

  상대 높임 : 학생이 선생님께 말한다. '선생님, 어디 가십니까?'

  听者敬语法 : 学生对老师说'老师,您去哪儿?'

  → 청자인 선생님을 높여 말한다.

  → 对听者(老师)的尊敬。

  주체 높임 : 철수가 친구에게 말한다. '선생님께서 오시고 계신다'.

  主体敬语法 : [哲洙]对朋友说'老师在来这儿'。

  → 제3자이지만 동작의 주체인 선생님을 높여 말한다.

  → 行为的主体是第3者,对行为的主体(老师)的尊敬。

  객체 높임 : 철수가 친구에게 말한다. '어머니를 모시고 병원에 갔다'.

  客体敬语法 : [哲洙]对朋友说'带妈妈去医院了'。

  → 제3자이지만 동작의 대상(객체)을 높여 말한다.

  → 行为的对象是第3者,对行为的对象(妈妈)的尊敬。

🐼 상대 높임
听者敬语法

(1) 듣는 상대의 신분, 연배 등의 높고 낮음에 따라 높임을 표현하는 것으로 높임법 중 가장 많이 사용한다.

(1) 按照听者的身份高低或年龄大小来使用敬语法,是最常用的敬语法。

상대의 높고 낮음의 정도에 따라

아주 높임, 보통 높임, 보통 낮춤, 아주 낮춤 표현이 있다.

按照听者的身份高低或年龄大小,阶分为'尊敬阶,准敬阶,平语阶,非敬阶'。

(2) **아주 높임**은 공식적인 자리, 나이가 매우 많거나 잘 알지 못하는 상대에게 사용한다.

(2) 尊敬阶,用于正式场合,年龄很大的人或者对不认识的人。

보통 높임은 손위 선배, 나이가 많은 상대에게 사용한다.

准敬阶,用于学哥学姐或年龄大的人。

보통 낮춤은 친구간, 손아래 후배 등에 사용한다.

平语阶,用于朋友或学弟学妹。

아주 낮춤은 아주 친한 경우와 자녀에게 사용한다.

非敬语, 一般用于非常亲密的关系或者孩子。

(3) **상대 높임**은 주로 상대와 대화중의 적용되는 표현이므로 의문형, 명령형, 청유형의 표현이 많다.

(3) 听者敬语法是在对话中最常用的表现.因此疑问句,命令句和劝导句表现得很多。

(4) 사용 예

(4) 使用例子

	아주 높임 尊敬阶	보통 높임 准敬语	보통 낮춤 平语阶	아주 낮춤 非敬阶
간다(서술) 　在去(陈述) 가나?(의문) 　去吗?(疑问) 가라(명령) 　去!(命令) 가자(청유) 　去吧(劝导)	가십니다 가십니까? 가십시오 가십시다	가신다 가세요? 가세요 가시죠	간다 가느냐? 가라 가자	간다 가니? 가 가자
온다(서술) 　在来(陈述) 오나?(의문) 　来吗?(疑问) 와라(명령) 　来!(命令) 와라(청유) 　来吧(劝导)	오십니다. 오십니까? 오십시오 오십시다	오신다 오세요? 오세요 오시죠	온다 오느냐? 와라 와라	온다 오니? 와 와라
먹는다(서술) 　在吃(陈述) 먹느냐(의문) 　吃吗?(疑问) 먹어라(명령) 　吃!(命令) 먹자(청유) 　吃吧(劝导)	드십니다. 드십니까? 드십시오 드십시다	드신다 드세요? 드세요 드시죠	먹는다 먹느냐? 먹어라 먹자	먹는다 먹니? 먹어 먹어

	아주 높임 尊敬阶	보통 높임 准敬语	보통 낮춤 平语阶	아주 낮춤 非敬阶
입는다(서술) 在穿(陈述) 입느냐(의문) 穿吗?(疑问) 입어라(명령) 穿!(命令) 입자(청유) 穿吧(劝导)	입으십니다 입으십니까? 입으십시오 입으십시다	입으신다 입으세요? 입으세요 입으시죠	입는다 입느냐? 입어라 입자	입는다 입니? 입어 입어
한다(서술) 在做(陈述) 하나?(의문) 做吗?(疑问) 해라(명령) 做!(命令) 하자(청유) 做吧(劝导)	하십니다 하십니까? 하십시오 하십시다	하신다 하세요? 하세요 하시죠	한다 하느냐? 해라 하자	한다 하니? 해 해
말한다(서술) 在说(陈述) 말하나?(의문) 说吗?(疑问) 말해(명령) 说!(命令) 말하자(청유) 说吧(劝导)	말씀하십니다 말씀하십니까? 말씀하십시오 말씀하십시오	말씀하신다 말씀하세요? 말씀하세요 말씀하시죠	말한다 말하느냐? 말해라 말하자	말한다 말하니? 말해 말해

(5) 위와 같이 상대 높임은 4단계로 세분화되어 있기는 하나, 높임 표현이 필요한 경우는 **보통 높임**으로, 낮춤 표현을 사용할 경우는 **보통 낮춤**으로 사용하면 큰 무리가 없다.

(5) 如上所述,听者敬语虽然分为4个语阶,但其中需要尊敬时主要用准敬语,
不需要尊敬时主要用平语阶。

(6) 예문

(6) 例句

① **선생님, 어디 가세요?**

① 老师,您去哪儿?

126

② 부장님, 잘 지내시고 계시죠?

　② 部长,您过得好吗？

③ 할머니, 진지 더 드세요.

　③ 奶奶,请您多享用美食。

④ 사장님, 안색이 안 좋으신데 어디 편찮으세요?

　④ 社长,您脸色不好,哪不舒服？

⑤ 실례지만, 혹시 자제분이 몇이나 되시는지요?

　⑤ 请问,您有几名子女？

⑥ 교수님, 오늘 좋은 말씀 감사드립니다.

　⑥ 教授,感谢您今天对我说的有用的话。

⑦ 선생님, 혹시 연세가 어떻게 되시는지요?

　⑦ 老师,请问您多大年纪？

⑧ 지점장님, 오늘 생신 축하드립니다.

　⑧ 店长先生,祝您生日快乐。

⑨ 영희야, 이제 봄도 되었으니 밝은 옷을 입어라.

　⑨ [英喜],春天到了,穿亮丽的衣服吧!

⑩ 철수야 좀 더 큰소리로 말해라.

　⑩ [哲洙],你再大声点儿吧。

⑪ 친구야, 시간이 없다, 빨리 가자.

　⑪ 朋友,没有时间了,快走吧。

⑫ 친구야, 잘 지내고 있지?

　⑫ 朋友！你过得好吗？

🐼 주체 높임
主体敬语法

⑴ 동작이나 상황의 주체(문장의 주어)에 대하여 사용하는 높임법이다.

　⑴ 当动作或状态的主体(句子的主语)为尊敬的对象时,使用的敬语法。

⑵ 주체 높임의 형태

　⑵ 主体敬法的形态

– '일반적인 높임' (용언 '-다' 앞에 '-(으)시-'를 삽입)과 특수 어휘 높임을 활용하여 높임을 표현한다.
　– 用'一般的敬语'(在谓词的'-다'前面,添加 '-(으)시-')和 '特殊生词敬语'来表示尊敬。

① 할아버지께서 말씀하셨습니다.　→ 할아버지께서　　말씀　　하셨습니다.
　① 爷爷说的。　　　　　　　　　　特수 어휘　　特수 어휘　　일반 높임
　　　　　　　　　　　　　　　　　　特殊生词　　特殊生词　　一般的敬语

② 철수야, 아버님 댁에 계시냐?
　② [哲洙]!父亲在家吗?

③ 계시기는 한데 지금 주무시고 계십니다.
　③ 在家,但是他现在正睡觉呢。

④ 어머님께서는 보통 집안 일을 하십니다.
　④ 母亲一般做家务。

(3) 직접 높임과 간접 높임
　(3) 直接敬语和间接敬语
　㈀ 위의 예와 같이 주어를 높이는 경우는 '**직접 높임**'이라 한다.
　　㈀ 如上所述,尊敬主体(主语)的情况,叫'直接敬语'。
　㈁ 높임 대상의 신체 일부나 소유물이 주어나 대상이 되는 경우 높임 표현을 사용하는데 이를 '**간접 높임**'이라 한다.
　　㈁ 对身份高,年龄大的对象身体的一部分或拥有物是主语或者主题时,也用敬语,叫'间接敬语'。

– **간접 높임**의 예
　– 间接敬语的例句

⑤ 선생님은 키가 크시다.
　⑤ 老师个子很高。

⑥ 할아버지께서 감기가 드셨다.
　⑥ 爷爷感冒了。

⑦ 선생님, 가방이 참 예쁘네요. [1]　　　　　　　　　　　　　　　(○)

⑦ 老师,手提包很漂亮。

⑦′ 선생님, 가방이 참 **예쁘시네요**. #1 　　　　　　　　　　　　　(△)

　#1 소유물 자체에 초점을 맞춘 경우에는 아주 높임 표현을 사용하지 않고 **보통 높임**을
　　사용하는 것이 더 자연스럽다.
　　#1 对主语的拥有物使用敬语时,不用'尊敬阶'用'准敬语'更自然。

⑧ 아버님, 무슨 고민 **있으세요**? #2 　　　　　　　　　　　　　(○)

　⑧ 爸爸,您有什么烦恼?

⑧′ 아버님, 무슨 고민 **계세요**? #2 　　　　　　　　　　　　　(×)

　#2 '있으시다'는 소유의 높임 표현이고, '계시다'는 존재의 높임 표현이다.
　　#2 '있으시다'表示对拥有的尊敬,'계시다'表示对存在的尊敬。

🐼 객체 높임
客体敬语法

⑴ 동작의 대상(문장 중의 목적어)에 대하여 사용하는 높임법이다.

　⑴ 当动作的客体(句子的宾语)为尊敬的对象时,使用的敬语法。

⑵ 객체 높임은

⑵ 常用于客体敬语

　특수 어휘 높임이 많이 사용된다.

　　很常用特殊生词的敬语。

　묻다(问) → **여쭙다**(请问), 주다(给) → **드리다**(献给),

　데리다(带) → **모시다**(陪同), 만나다(见) → **뵙다**(拜见)

‒ 예문 1

‒ 例句 1

① 철수는 동생이 옷을 입는 것을 지켜본다.

　① [哲洙]看着弟弟穿衣服。

　: 동생이 옷을 입고 철수가 동작의 주체로 '지켜본다'. 　　　　　(평서문)

　　弟弟穿衣服,[哲洙]是看的动作主体,用'지켜본다'。(看着) 　　(陈述句)

①′ 아버지께서 동생이 옷을 입는 것을 지켜**보신다**.

　①′ 爸爸看着弟弟穿衣服。

: 동생이 옷을 입고, 아버지가 동작 주체로 '지켜본다'→'지켜**보신다**' (주체 높임)

　弟弟穿衣服, 爸爸是看的动作主体, 用 '지켜**보신다**'来表示尊敬主体。(主体敬语)

①" 철수는 아버지**께서** 옷을 **입으시는** 것을 지켜본다.

　①" [哲洙]看着爸爸穿衣服。

　　: 옷을 입는 동작은 아버지가 하고 철수가 지켜보는 상황으로

　　아버지를 높여서 '입다' → '**입으시다**'로 표현. 　　　　(객체 높임)

　　爸爸 穿衣服, [哲洙]看着爸爸, 用 '**입으시다**'来表示尊敬爸爸。(客体敬语)

- 예문 2
- 例句 2

②　철수가 동생에게 책을 주다.

　② [哲洙]给弟弟一本书。

　　: 철수가 동작의 주체로 동생에게 책을 '주다' 　　　　　(평서문)

　　[哲洙]是给的动作主体, 给弟弟一本书。 　　　　　　　(陈述句)

②' 선생님**께서** 철수에게 책을 **주시다**. 　　　('주다'의 일반 동사 높임)

　②' 老师给[哲洙]一本书。 　　　('주시다' 是 '주다'(给)的一般尊敬语)

　　: 책을 주는 동작의 주체가 선생님, '주다' → '**주시다**' 　　(주체 높임)

　　给书的动作主体是老师, 所以用'**주시다**'来表示尊敬。 　　(主体敬语)

②" 철수가 선생님**께** 책을 **드리다**. 　　　('드리다'는 '주다'의 특수 어휘 높임)

　②" [哲洙]给老师一本书。 　　　('드리다'是'주다'(给)的特殊生词尊敬)

　　: 동작 대상인 선생님을 높여서 '주다'의 높임말 '**드리다**' 로 표현. (객체 높임)

　　动作对象是老师, 用 '**드리다**'来表示尊敬。 　　　(客体敬语)

- 예문 3
- 例句 3

③　철수가 동생을 학교에 데리고 간다.

　③ [哲洙]带弟弟上学。

　　: 철수가 동작의 주체로 동생을 데리고 가다. 　　　　(평서문)

　　[哲洙]是带的动作主体, 带着弟弟去。 　　　　　　(陈述句)

③' 어머니**께서** 동생을 학교에 데리고 **가신다**.

③' 妈妈带弟弟到学校去。

    : 어머니가 동작의 주체로, '가다'→'가시다'   (주체 높임)

       妈妈是带的动作主体,用 '가시다'来表示尊敬。   (主体敬语)

③" 철수가 어머니를 학교에 모시고 간다.

  ③" [哲洙]带妈妈到学校去。

    : 동작 대상인 어머니를 높여서 '데리고' → '모시고'로 표현. (객체 높임)

       带的动作对象是妈妈,用 '모시고'来表示尊敬。   (客体敬语)

01 다음 중에서 높임 표현이 잘못 표현된 것은 어느 것인가?

下面生词中, 哪个是错的敬语？

① 앉다 – 앉으시다　　② 자다 – 자시다

③ 있다 – 계시다　　④ 주다 – 드리다

02 다음 중에서 높임 표현이 잘못 표현된 것은 어느 것인가?

下面生词中, 哪个是错的敬语？

① 이름 – 명함　　② 나이 – 연세

③ 집 – 댁　　④ 생일 – 생신

03 다음 중 높임 표현(겸양 표현 포함)이 잘못된 문장은 어느 것인가?

下面句中, 哪个是错的尊敬表现(包括谦恭表现)？

① 할아버지께서 기차 역에 가셨다.

② 할머니께서 밥을 못 먹고 있다.

③ 교수님, 오늘 좋은 말씀 감사드립니다.

④ 그럼, 제가 나가서 동생을 찾아보겠습니다.

04 다음 예문의 (　) 안에 들어 갈 올바른 높임 표현의 조합은?

下面例句的括号里, 哪个是正确的敬语？

예문(例句) : 철수야! (㉠ 선생님에게) 전화 (㉡ 하다) 할아버지께서
(㉢ 죽다) 오늘 학교에 가지 못한다고 (㉣ 말을 하다).

	㉠	㉡	㉢	㉣
①	선생님께	해서	돌아가셔서	말을 하여라
②	선생님께서	하셔서	죽어서	말씀하여라
③	선생님께	드려서	돌아가셔서	말씀드려라
④	선생님께	드려서	죽으셔서	말을 드려라

05 다음 중에서 높임 표현이 <u>가장</u> 올바른 문장은 어느 것인가?

  下面句子中,哪个是最正确的敬语表现？

  ① 할아버지께서 키가 크다.　　　② 과장님께서 감기가 드셨다.
  ③ 선생님, 가방이 참 예쁘네.　　　④ 아버님, 무슨 고민 계세요?

06 다음 예문의 (　) 안에 들어 갈 내용으로 적합한 조합은?

  下面例句的括号里,哪个是正确的生词？

  > 예문(例句) : 선생님께서 지금 (㉠ 오고) (㉡ 있다).

  ① ㉠ 오고　　㉡ 있으시다　　　② ㉠ 오고　　㉡ 계시다
  ③ ㉠ 오시고　㉡ 있다　　　　　④ ㉠ 오시고　㉡ 계시다

07 다음 예문의 (　) 안에 들어 갈 내용으로 적합한 조합은 ?

  下面例句的括号里,哪个是正确的生词？

  > 예문(例句) : 동생은 아버지께서 옷을 (㉠ 입다) 지켜 (㉡ 보다).

  ① ㉠ 입는 것을　　　㉡ 본다　　② ㉠ 입는 것을　　　㉡ 보신다
  ③ ㉠ 입으시는 것을　㉡ 본다　　④ ㉠ 입으시는 것을　㉡ 보신다

08 다음 예문의 (　) 안에 들어 갈 내용으로 적합한 조합은?

  下面例句的括号里,哪个是正确的生词？

  > 예문(例句) : 동생이 어제 어머니를 (㉠ 데리고) 병원에 (㉡ 가다).

  ① ㉠ 데리시고　㉡ 갔다　　　② ㉠ 데리시고　㉡ 가셨다
  ③ ㉠ 모시고　　㉡ 갔다　　　④ ㉠ 모시고　　㉡ 가셨다

09 다음 예문의 (　) 안에 들어 갈 내용으로 적합한 조합은?

  下面例句的括号里,哪个是正确的生词？

  > 예문(例句) : 어머니께서 어제 동생을 (㉠ 데리고) 병원에 (㉡ 갔다).

  ① ㉠ 데리고　㉡ 갔다　　　② ㉠ 데리고　㉡ 가셨다
  ③ ㉠ 모시고　㉡ 갔다　　　④ ㉠ 모시고　㉡ 가셨다

🪭 정답(答案)

01　②　:　② '자다'(睡) – '**주무시다**'(就寝)

　　　　　① 앉다(坐) – **앉으시다**　③ 있다(在) – **계시다**(在)

　　　　　④ 주다(给) – **드리다**(献给)

02　①　:　① '이름'(名字) – '**성함**'(姓名)

　　　　　② 나이(岁) – **연세**(年纪),　③ 집(家) – **댁**(宅),　④ 생일(生日) – **생신**(寿辰)

03　②　:　② 할머니께서 밥을 못 먹고 있다. → 할머니께서 **진지**를 못 **드시고 계시다.**

　　　　　: ② 奶奶吃不下饭。

　　　　　　① 爷爷去火车站了。

　　　　　　③ 教授,感谢您今天对我说的有用的话。

　　　　　　④ 那我出去找找弟弟吧。

04　③　:　철수야! (㉠ 선생님께) 전화 (㉡ 드려서), 할아버지께서 (㉢ 돌아가셔서)

　　　　　오늘 학교에 가지 못한다고 (㉣ 말씀 드려라).

　　　　　:[哲洙]! 给老师打电话,告诉老师爷爷去世了,所以今天不能上学。

05　②　:　② 과장님께서 **감기가 드셨다.**　(감기가 들었다 → **드셨다**)

　　　　　　② 课长得了感冒。

　　　　　① 할아버지께서 키가 **크다.**　→ **크시다**

　　　　　　① 爷爷个子很高。

　　　　　③ 선생님, 가방이 참 **예쁘네.**　→ **예쁘네요**

　　　　　　③ 老师,手提包很漂亮!

　　　　　④ 아버님, 무슨 고민 **계세요?**　→ **있으세요?**

　　　　　　④ 爸爸,您有什么烦恼吗?

06　④　:　선생님께서 지금 (㉠ **오시고**) (㉡ **계시다**).

　　　　　:老师正在来这儿。

07　③　:　동생은 아버지께서 옷을 **입으시는 것을 지켜본다.**

　　　　　弟弟看着爸爸穿衣服。

08　③　:　동생이 어제 어머니를 (㉠ **모시고**) 병원에 (㉡ **갔다**).

　　　　　:弟弟陪同妈妈去医院了。

09　②　:　어머니가 어제 동생을 (㉠ **데리고**) 병원에 (㉡ **가셨다**).

　　　　　: 昨天妈妈带弟弟去医院了。

⑮ 한국의 속담 – '노력' 관련된 속담
　⑮ 关于'努力'的俗语

– 개천에서 용 났다.
　– 穷山沟里出状元。茅屋出高贤。
　보잘 것 없는 환경에서 성공한 사람이나 훌륭한 인물이 배출되었을 때를 표현한 속담.
　　比喻在微不足道的环境中,成功人士或优秀人物辈出的情况。

– 고생 끝에 낙이 온다.
　– 苦尽甘来。
　'어려운 일이나 고된 일을 겪은 뒤에 반드시 즐겁고 좋은 일이 생긴다'라는 의미이다.
　　比喻经历艰难或艰辛之后,一定有快乐而美好的事。

– 공든 탑이 무너지랴!
　– 功夫不负有心人。
　공들여 쌓은 탑은 쉽게 무너지지 않는다.
　힘과 정성을 다하면 그 결과는 헛되지 않는다라는 의미이다.
　　精心建造的塔不容易倒塌。如果认真努力去做的话,一定会有好结果。

– 구르는 돌에는 이끼가 끼지 않는다.
　– 滚动的石头不长青苔。流水不腐,户枢不蠹。
　부지런하고 꾸준히 노력하는 사람은 침체되지 않고 계속 발전한다.
　　勤勉不懈的人,不会停下来,能继续发展。

– 구슬이 서 말이라도 꿰어야 보배
　– 玉不琢不成器
　아무리 기본이 좋은 것이라도 다듬고 정리해야 쓸모있게 된다.
　재주가 많다 하여도 실제로 노력하고 실행을 해야 결실을 본다.
　　再好的东西,也得打磨打理才有用处。无论多么多才多艺,实干才能出成果。

– 달리는 말에 채찍질
　– 快马加鞭
　달리는 말에 더 빨리 달리라는 채찍질을 한다는 비유로 방심하지 않게 독려한다는 의미.
　　意指继续鼓励人们,不要掉以轻心。

- 뛰는 놈 위에 나는 놈 있다.

  - 人外有人,山外有山。

    재주가 뛰어나더라도 더 뛰어난 사람이 있을 수 있다는 의미이다.

    才艺再高,也会有更出色的人。

- 뿌린 대로 거둔다.

  - 种豆得豆,种瓜得瓜。

    노력한 만큼 대가가 따라온다라는 뜻으로 노력을 하지 않으면 아무 것도 이룰 수 없다.

    付出多少就得到多少,不努力就什么也成不了。

- 우물을 파더라도 한 우물을 파라.

  - 挖井的话,就坚持不懈只挖那一口井。

    '이것 저것 벌리지 말고 한 가지 일에 집중해서 노력을 해야 한다'라는 의미이다.

    不要做这做那,应该集中精力做一件事。

- 원숭이도 나무에서 떨어진다.

  - 猴子也会从树上掉下来。

    자기의 재주만 믿고 방심하면 실수를 하게 된다라는 의미이다.

    只信自己的本领,不小心也会出错。

- 잘 자랄 나무는 떡잎부터 알아본다.

  - 人看从小,马看蹄爪。

    훌륭하게 될 사람은 어렸을 때부터 남다르게 장래성이 엿보인다는 표현이다.

    成功的人从小就能看得出来。

- 젊어 고생은 사서도 한다.

  - 年轻时吃的苦是有价值的。

    젊었을 때 고생을 하면 후에 어려운 일을 당해도 의연하게 헤쳐 나갈 수 있다는 의미이다.

    年轻时受苦的话,以后遇到难事会坦然面对。所以年轻时多历练为妙。

- 콩 심은 데 콩 나고 팥 심은 데 팥 난다.

  - 种豆得豆,种瓜得瓜。

    모든 일은 어떻게 하였느냐에 따라 거기에 걸맞은 결과가 나타난다.

    做任何事情,都会有相应的结果。

– 천 리 길도 한 걸음부터

– 千里之行,始于足下。

무슨 일이든지 차근차근 일을 해 나가면 성공한다는 의미이다.

不管做什么事,一步一步地做, 就能成功。

– 하늘이 무너져도 솟아날 구멍은 있다.

– 车到山前,必有路。天无绝人之路。

'하늘이 무너지는 절망적인 상황에서도 밖으로 나갈 구멍이 있다'라는
의미로, '절망 속에서도 희망을 잃지 말고 노력을 하자'라는 내용이다.

'在天崩地裂的绝望中,也会有逃出去的洞'的意思,
比喻在绝望中不要失去希望,应该继续努力。

선생님! 어디 가세요?
老师!您去哪儿?
상대 높임
听者敬语

선생님께서 오시고 계신다.
老师在来这儿。
주체 높임
主体敬语

선생님을 모시고 공원에 갔다.
带老师去公园了。
객체 높임
客体敬语

제18장

문장의 연결 句子连接的方法

– 아래 두 개 문장의 예를 보면

– 请看下面两个句子.

　　㉠ 철수는 밥을 먹었다.　　㉡ 철수는 학교에 갔다.

　　　㉠ [哲洙]吃饭了。　　　　㉡ [哲洙]去学校了。

　　두 문장 ㉠ '철수는 밥을 먹었다'와 ㉡ '철수는 학교에 갔다'를 연결하는 3가지
　방법

　　　连接两个句子 ㉠ '[哲洙]吃饭了'. 和 ㉡ '[哲洙]去学校了'. 的3种方法。

　　① 철수는 밥을 먹었다. 그리고 학교에 갔다.　　　: **접속 부사** '그리고'를 이용

　　　① [哲洙]吃饭了，然后上学去了。　　　　　　: 使用接续副词 '그리고'

　　② 철수는 밥을 먹고 학교에 갔다.　　**연결 어미** '먹고'를 이용

　　　② [哲洙]吃完饭上学去了。　　　　　: 用连接词尾 '먹고'

　　③ **밥을 먹은 철수는 학교에 갔다,　　전성 어미** '먹은'을 이용

　　　③ 吃过饭的[哲洙]上学去了。　　　　: 用谓词成分变成的 '먹은'

이와 같이 문장을 연결하는 3가지 방법이 있다.

　　如上所述,连接句子有3个方法。

접속 부사를 활용하는 방법
　用接续副词的方法
연결 어미를 활용하는 방법
　用连接词尾的方法
전성 어미(절)를 활용하는 방법
　用谓词成分变化的方法

접속 부사 接续副词

🐼 접속 부사와 사용 예문
接续副词和例句

(1) 나열, 병렬(罗列,并列) : '그리고'(还～), '그러고 나서'(之后,然后)

  – 상황을 나열하거나 상황을 연결할 때 사용한다.

    – 罗列情况或连接情况时,使用 '그리고', '그러고 나서'。

  (ㄱ) '그리고'는 문장이나 단어를 나열할 경우에 사용한다.

    (ㄱ) '그리고'(还～)用于罗列句子或生词。

  (ㄴ) '그러고 나서'는 문장 연결에만 사용되고, 단어를 나열할 경우에는 사용하지 않는다.

    (ㄴ) '그러고 나서'(之后/然后)只用于罗列句子,不用于罗列生词。

  ① 어제 철수는 영희와 공원에 가서 배드민턴을 쳤다.

    그리고 / 그러고 나서 둘이 함께 영화를 보러 갔다.

    ① 昨天[哲洙]跟[英喜]去公园打羽毛球,然后一起去看电影了。

  ② 철수는 아침에 일어나 양치질을 하고 세수를 하였다.

    그리고 / 그러고 나서 아침 식사를 하였다.

    ② [哲洙]早上起来刷牙洗脸,然后吃了早餐。

  ③ 철수는 영희, 민수 그리고 지영이와 함께 공원에 갔다.   (○)

    ③ [哲洙]跟[英喜],[敏洙]还有[志英]一起去公园了。

  ③' 철수는 영희, 민수 그러고 나서 지영이와 함께 공원에 갔다.   (×)

(2) 부연 관계(阐述关系) : '곧'(就是), '즉'(即)

  – 앞 상황에 이어서 추가 보충 설명을 할 때 '곧', '즉'을 사용한다.

    – 根据前面的情况,由此来补充说明时,使用 '곧', '즉'。

    ① 금연 구역이 늘어나고 있다고 한다. 곧, 흡연자의 공간이 점점 줄어든다는 얘기다.

      ① 据说禁烟区在增加,也就是说吸烟者的空间越来越小。

    ② 조직 생활에서는 열정이 필요하다. 즉, 무엇인가를 해 보겠다는 마음으로

온 힘을 다하는 자세가 필요하다.

② 组织生活需要热情,即需要抱着试试看的心态,全力以赴的姿态。

(3) 전환 관계(转折关系) : '그러면'(那么). '그런데'(但是). '한편'(另一方面)

– 앞 상황에 이어 화제를 바꾸어 확대, 전개하고자 할 때 사용한다.

– 延续前面情况,想要改变话题或扩大展开时,使用 '그러면'. '그런데'. '한편'.

① 중국어는 글자 하나하나가 의미를 갖고 있는 표의 문자이다.

그러면 한국어는 무슨 문자인가?

① 汉语是每一个字都有意义的表意文字,那么韩语是什么文字呢？

② 나는 그 소식을 전혀 듣지 못했는데, **그런데** 도대체 어떻게 돌아가고 있는 겁니까?

② 我根本没听到那个消息,到底是怎么进行的呢？

③ 정부는 옥수수를 보관할 창고를 완공하였다고 한다.

한편 국내에서는 옥수수의 생산이 매년 늘고 있는 상황이다.

③ 一方面听说政府已建好保管玉米的仓库,另一方面国内玉米产量正在逐年增加。

(4) 인과 관계 (因果关系) : '그래서'(所以). '그러니까'(由于~因而~/由于~因此~).

'**그렇기 때문에**'(因此). '**그러므로**'(因此/所以). '**그로 인해**'(因此)

– 앞 상황이 뒤 상황의 이유나 근거가 될 때 사용한다.

– 前面的情况被认为是后面情况的理由或根据时,使用

'그래서'. '그러니까'. '그렇기 때문에'. '그러므로'. '그로 인해'.

① 철수는 매일 밤늦게까지 도서관에서 공부를 한다고 한다.

그래서/그러니까/그렇기 때문에 철수가 성적이 좋은 것입니다.

① 听说[哲洙]每天都在图书馆学习到深夜,所以[哲洙]的成绩很好。

② 검은 색은 빛을 흡수하는 색이다.

그래서/그러니까/그렇기 때문에 검은 색 옷을 입은 날은 덜 춥다.

② 黑色是吸收光线的颜色,因此穿黑衣服的日子感觉不太冷。

③ 이제는 저금리 시대라 한다. 그러므로 우리는 더욱 절약을 해야만 합니다.

③ 据说现在是低利率时代,所以我们更要节约。

④ 남부 지방에 비가 많이 왔습니다. **그로 인해** 많은 도로가 침수되었습니다.

④ 南部地区雨下得很大,许多道路因此被淹。

(5) 조건 관계 (条件关系) : '**그러면**'(那么,如果那样)

　－ 앞의 상황이 뒤의 상황의 전제 조건이 될 때 사용한다.

　　－ 前面的情况是后面情况的前提条件时,使用'**그러면**'.

① 철수야! 심부름 갔다 오너라, **그러면** 이번 달 용돈을 주마.

① [哲洙]! 跑趟腿吧,那么我给你这个月的零用钱。

② 많이 보고, 많이 듣고 생각을 많이 하여라, **그러면** 사물을 보는 안목이 늘게 된다.

② 多看多听多想吧,那么看事物的眼光就会提高。

(6) 선택 관계(选择关系) : '**아니면**' (A或者B, A还是B？)

　－ 앞서 제시한 내용과 다른 내용을, 대체안이나 다른 의견으로 제시할 경우에 사용한다.

　　－ 对前面所提的内容提出替代方案或其它意见时,使用'**아니면**'.

① 이번 주말에 남산에 놀러 갈까? **아니면** 인천으로 가서 바다 구경을 할까?

① 这个周末是去[南山]玩,还是去[仁川]看看海？

(7) 역접 관계 (逆接关系) : '**그러나**'(但是), '**그런데**'(但是), '**그런데도**'(但是),
'**하지만**'(但是), '**그렇지만**'(但是), '**그렇더라도**'(即使)

　－ 앞의 내용에 부합되지 않거나 상반되는 내용을 전개하고자 할 때 '**그러나**'를 사용한다.

　　－ 表示前后两个分句内容不符或相反时,使用'**그러나**'.

① 축구팀에 대한 응원은 대단하였습니다. 그러나 경기의 결과는 참담하였습니다.

① 给足球队加油助威,真了不起! 但是比赛结果却很惨淡。

　－ 앞 상황을 인정하면서 다른 방향으로 내용을 전개하고자 할 때
'**그런데**', '**그런데도**'를 사용한다.

　　－ 承认前面的情况,并将后一话题内容引向另一个方向时,使用'**그런데**', '**그런데도**'.

　－ '**그런데도**'는 앞 상황이 계속되고 있음을 강조하면서 다른 방향의 내용을 전개하고자 할
때 사용한다.

　　－ '**그런데도**'用于强调前面情况的继续,并将后一话题内容引向另一个方向。

② 철수는 오늘 분명히 온다고 했는데 ――, 그런데 왜 여태 안 오는 것인지?

　② [哲洙]明明说今天回来,但是为什么到现在还没来呢？

③ 많은 국가가 평화를 주장하고 있습니다.

　그런데/그런데도 한편에서는 군사력 경쟁을 계속하고 있습니다.

　③ 许多国家都在主张和平,但是另一方面却在竞争军事实力。

④ 이제 적금이 만기가 되어 다음 달이면 찾을 수 있습니다.

　그런데도 해약을 하시려고 합니까?

　④ 存款快到期了,下个月就可以取了,你打算终止存款吗？

－ 앞 문장을 부분적으로 또는 전체적으로 인정을 하지만 상반되는 내용을

　전개하고자 할 때, '**하지만**', '**그렇지만**', '**그렇더라도**'를 사용한다.

　－ 承认前句一部分或整体的内容,接着展开相反内容的时候,

　　使用 '**하지만**', '**그렇지만**', '**그렇더라도**'。

⑤ 철수는 범인이 아니라고 한다. **하지만** 그날 밤 철수의 소재는 의구심이
　남는다.

　⑤ 虽说[哲洙]不是犯人,但那天晚上[哲洙]的行踪仍存疑点。

⑥ 네 말에도 일리는 있다. **그렇지만** 다수의 사람들 의견에 따라야만 한다.

　⑥ 你说的也有道理,可是得听多数人的意见。

⑦ 국가 재정 문제가 심각한 수준이라고 한다.

　그렇더라도/그렇다고 하더라도 무조건 세금을 올릴 수 없는 것이다.

　⑦ 说国家财政问题严重,即使这样也不能无条件的提高税金。

(8) 가정 역접 관계 (假设逆接关系) : '**반대로**'(反过来,相反,反之)

　－ 앞 내용과 완전히 상반되는 내용을 가정할 경우 사용한다.

　－ 假设与前面,完全相反的内容时,使用 '**반대로**'。

① 최초의 생명체는 물에서 탄생하여 진화를 거듭해 점차 육지로 이동하였다
　고 한다. '**반대로** 육지에서부터 생명체가 시작이 되었다면 어떻게 진화가
　진행되었을까'라는 호기심이 생긴다.

　① 最早的生命体诞生于水,历经进化,逐渐向陆地移动。
　　令人产生好奇的是,于此相反,如果生命体从陆地开始的话,会如何进化？

(9) 첨가 관계(添加关系) : '그런데다' / '그런데다가'(而且,并且), '또한'(加上,还有)

 — 앞에서 제시된 상황에 더하여 상황이 더 심화됨을 표현한다.

   '그런데다가'는 '그런데다'의 강조 형태이다.

 — 加上前面提到的情况,表示情况更加深化. '그런데다가'是'그런데다'的强调形式。

   ① 그는 당시 옷차림이 몹시 남루하였다.

     그런데다 / 그런데다가 말투까지 어눌해서 어느 누구도 가까이 가지 않았다.

       ① 他当时穿着很褴褛,而且语气讷讷,所以谁也没挨近他。

   ② 그 여학생은 얼굴도 예쁘고 차분한 성격이었다.

     그런데다 / 그런데다가 공부까지 잘해서 모든 학생들의 부러움을 샀다.

       ② 那个女生长得又漂亮又文静。并且学习也很好,为所有学生所羡。

   ③ 저는 반장이 되면 깨끗한 교실을 만드는 데 노력하겠습니다.

     또한 더 조용한 학급을 만들도록 노력하겠습니다.

       ③ 如果我当班长的话,我会努力打造一个干净的教室,还要努力营造一个更
         安静的班级。

(10) 양보 관계(让步关系) : '그렇다면'(那么), '다만'(但是)

 — 앞 문장을 부분적으로 또는 전체적으로 인정을 하고, 이어서 추가적인 내용을
   전개하고자 할 때 '그렇다면', '다만'을 사용한다.

 — 承认前句部分或整体的内容,接着展开追加内容时,使用 '그렇다면', '다만'。

   ① 지난 밤 사건의 범인은 철수가 아니라고 한다. 그렇다면 누가 범인인가?

       ① 说昨晚事件的犯人不是[哲洙],那么谁是犯人呢？

   ② 한국 축구의 수준은 점차 올라가고 있는 것은 사실이다. 다만
     다음 세대의 지도자가 부족한 것이 문제점으로 지적되고 있다.

       ② 韩国足球的水平确实在逐渐提高,但问题是缺乏下一代的教练。

문제 问题

01 ~ 03) 다음 문장들의 (   ) 에 들어갈 적합한 접속 부사를

아래 네모 안에서 선택하여 번호를 기입하시오.

01 ~ 03) 请从下面的方框中,选择恰当的接续副词填空。

01 철수는 수업 시간에 공부를 열심히 한다.

(   ) 수업이 끝나면 도서관에 가서 공부를 한다.

02 매일 노력을 하여라. (   ) 성공할 것이다.

03 이번 여름에는 산으로 놀러 갈까? (   ) 바다로 갈까?

① 그리고   ② 아니면   ③ 그러면   ④ 그러니까

04 다음 중 접속 부사 사용이 <u>잘못된</u> 문장은 어느 것인가?

下面例句中,哪个是接续副词用错的?

① 철수는 범인이 아니라 한다. <u>그렇다면</u> 누가 범인인가?

② 철수는 밤늦게까지 공부를 한다. <u>그러나</u> 성적이 좋은 것이다.

③ 철수는 분명히 온다고 했다. <u>그런데</u> 왜 안 오는 것인지?

④ 날씨도 어두워졌다. <u>그런데다</u> 비까지 내려서 갈 수가 없었다.

05 다음 문장의 (   ) 에 적합하지 <u>않은</u> 접속 부사는 어느 것인가?

下面例句中,哪个是不适合括号内的接续副词?

예문(例句) : 그 여학생은 얼굴도 예쁘고 차분한 성격이였다.
(   ) 공부까지 잘해서 모든 학생들의 부러움을 샀다.

① 그런데다   ② 그런데다가

③ 그러나   ④ 또한

06 다음 문장의 (   ) 에 적합하지 않은 접속 부사는 어느 것인가?

下面例句中,哪个是不适合括号内的接续副词？

예문(例句) : 영희 어머니의 병환이 위독하여서 당장 수술이 필요하다고 한다.

수술을 하려면 가족이 동의가 필요한데 가족은 지금 외국에서 오고 있다고 한다.

(   ) 무작정 기다릴 수는 없는 상황이다.

① 그렇더라도   ② 그렇지만   ③ 하지만   ④ 반대로

🪭 정답(答案)

01 ① : '철수는 수업 시간에 공부를 열심히 한다.

그리고 수업이 끝나면 도서관에 가서 공부를 한다.'

: '[哲洙]在课堂上学习很用功，下课后就去图书馆学习.'

02 ③ : '매일 노력을 하여라. 그러면 성공할 것이다.'

: '每天努力，那么就会成功的.'

03 ② : '이번 여름에는 산으로 놀러 갈까? 아니면 바다로 갈까?'

: '这个夏天上山游玩,还是去海边？'

04 ② : ② 철수는 밤늦게까지 공부를 한다. 그러나 성적이 좋은 것이다.   (X)

철수는 밤늦게까지 공부를 한다. 그래서 성적이 좋은 것이다.   (O)

: ② [哲洙]学习到深夜,所以成绩很好.

① 说[哲洙]不是犯人,那么谁是犯人呢？

③ [哲洙]说肯定要来,但是为什么还没来？

④ 天黑了,而且下雨,去不了了.

05 ③ : '그 여학생은 얼굴도 예쁘고 차분한 성격이었다.

(그런데다 / 그런데다가 / 또한) 공부까지 잘해서 모든 학생들의 부러움을 샀다.'

: '那个女生长得又漂亮又文静,并且学习也很好,为所有学生所羡.'

06 ④ : '영희 어머니의 병환이 위독하여서 당장 수술이 필요하다고 한다.

수술을 하려면 가족이 동의가 필요한데 가족은 지금 외국에서 오고 있다고 한다.

(그렇더라도 / 그렇지만 / 하지만) 무작정 기다릴 수는 없는 상황이다.'

: '听说[英喜]母亲病重,需要马上动手术.

做手术需要家人的同意,据说家人现在正从国外来.但是不能一味地等着.'

연결 어미를 이용한 문장의 연결
用连接词尾连接句子

앞 문장 술어의 어미를 변화시킨 연결 어미로 활용하여 앞, 뒤의 문장이 나열, 병렬, 전개, 대조, 전환, 인과, 조건, 선택, 양보, 역접 등의 관계를 갖도록 문장을 연결한다.
　使前面句子的谓语变成连接词尾,用这些连接词尾来表示前后连接关系。
　这样的句子有'罗列,并列,展开,对照,转换,因果,条件,选择,让步,
　逆接'等。

🐼 나열, 병렬(罗列,并列) : −고, −(으)며, −(이)면서, −이자

앞 내용과 뒤의 내용을 나열, 병렬 관계로 이어 주는 연결 어미다.
　它是将前面和后面的内容连接成罗列,并列关系的连接词尾。

⑴ −고, −(으)며

－ 주어가 하나일 경우나 둘 이상에도 사용이 가능하다.
　－ 一个主语或两个以上的主语(包括两个主语)时,使用'−고''−(으)며'。

① 철수는 축구도 잘하고 야구도 잘한다.	(한 개의 주어)
① [哲洙]足球也很棒,棒球也很好。	(一个主语)
② 영희는 오늘 아침에 밥도 먹었고 라면도 먹었다.	(한 개의 주어)
② [英喜]今天早上吃了米饭,还吃了方便面。	(一个主语)
③ 저 집은 방도 크고 깨끗하다.	(한 개의 주어)
③ 那套房子又大又干净。	(一个主语)
④ 그 집의 큰 아들은 대학생이고 작은 아들은 고등학생이다.	(두 개의 주어)
④ 那家的大儿子是个大学生,小儿子是个高中生。	(两个主语)
⑤ 어렸을 때 나는 운동을 좋아했고, 영희는 미술을 좋아했다.	(두 개의 주어)
⑤ 小时候我喜欢运动,[英喜]喜欢美术。	(两个主语)
⑥ 어렸을 때 나는 운동도 좋아했으며 미술도 좋아했다.	(한 개의 주어)
⑥ 小时候我喜欢运动,也喜欢美术。	(一个主语)
⑦ 어렸을 때 나는 운동을 좋아했으며 영희는 미술을 좋아했다.	(두 개의 주어)

⑦ 小时候我喜欢运动,[英喜]喜欢美术。 (两个主语)

⑧ 그 당시 그는 대학생이었으며 그의 동생은 고등학생이었다. (두 개의 주어)

⑧ 当时他是个大学生,他的弟弟是个高中生。 (两个主语)

⑵ -(이)면서

- 어떤 사실이나 상태를 겸하고 있음을 표현하며 주어는 하나이다.

  - 表示兼备某种事实或状态,只有一个主语时,使用'-(이)면서'。

  ⑨ 그는 가수이면서 작곡가이었다.

    ⑨ 他既是歌手又是作曲家。

  ⑩ 그녀는 착하면서 차분한 성격의 여자이다.

    ⑩ 她是一个善良而且文静的女人。

  ⑪ 이 방은 방도 넓으면서 전망도 좋은 편이다.

    ⑪ 这间屋子又宽,景观又美。

⑶ -이자

- 어떤 사실이나 상태를 겸하고 있음을 표현하며 주어는 하나이다.

  - 表示兼备某种事实或状态,只有一个主语时,使用'-이자'。

- '-(이)면서'가 체언과 용언에 연결되는 것과 달리, '-이자'는 체언에만 연결된다.

  - '-(이)면서'可以跟体词或者谓词连接,但是'-이자'只能跟体词连接。

  ⑫ 그는 변호사이자 대학 교수였다.

    ⑫ 他既是律师,又是大学教授。

  ⑬ 그녀는 모범생이자 한 가정의 가장이었다.

    ⑬ 她是一个模范学生,又是一家之长。

  # '-(으)며'는 문장 전체 시제에 맞추어서 사용해야 한다. 예를 들어 전체 시제가
  과거인 경우에 '-(으)며'는 반드시 과거 시제 어미 '-았/었'을 사용해야 한다.
  '-고', '-(이)면서', '-이자'는 과거 어미, 현재 어미 둘 다 가능하다.

  # '-(으)며'要按整个句子的时态使用。
    比如说,整个句子的时态是过去时的话,'-(으)며'一定连接过去时的词尾'-았/었'。
      '-고', '-(이)면서', '-이자'既可以连接过去时的词尾也可以连接现在时的词尾。

⑦ 小时候我喜欢运动,[英喜]喜欢美术。

⑦ 어렸을 때 나는 운동을 좋아했으며 영희는 미술을 좋아했다.　　　(○)

　　　　　　과거 시제 어미　　　　　　전체 시제 과거

　　　　　　过去时的词尾　　　　　　整个句子时态是过去时

⑦' 어렸을 때 나는 운동을 좋아하며 영희는 미술을 좋아했다.　　　(×)

　　　　　　현재 시제 어미#　　　　　전체 시제 과거#

　　　　　　现在时的词尾　　　　　　整个句子时态是过去时

　　　　　　#시제가 일치해야 함.　　　　#时态一定要一样。

⑤ 어렸을 때 나는 운동을 좋아했고 영희는 미술을 좋아했다.　　　(○)

　　　　　　과거 시제 어미　　　　　　전체 시제 과거

　　　　　　过去时的词尾　　　　　　整个句子时态是过去时

⑤' 어렸을 때 나는 운동을 좋아하고 영희는 미술을 좋아했다.　　　(○)

　　　　　　현재 시제 어미　　　　　　전체 시제 과거

　　　　　　现在时的词尾　　　　　　整个句子时态是过去时

⑨ 他既是歌手又是作曲家。

　⑨ 그는 가수이면서 작곡가이었다.　　　(○)

　　현재 시제 어미　전체 시제 과거

　　　现在时的词尾　整个句子时态是过去时

　⑨' 그는 가수이었으면서 작곡가이었다.　　　(○)

　　　　과거 시제 어미　전체 시제 과거

　　　　过去时的词尾　整个句子时态是过去时

⑬ 她是一个模范学生, 又是一家之长。

　⑬' 그녀는 모범생이자 한 가정의 가장이었다.　　　(○)

　　　현재 시제 어미　　　　전체 시제 과거

　　　　现在时的词尾　　　整个句子时态是过去时

🐼 전개(展开) : -(으)며 / (으)면서, -고, -자마자, -다가, -(아 / 어)서, -자

㉠ 동작이나 상황이 동시에 이루어지거나 순차적으로 이루어질 때 사용되는 연결 어미.

　㉠ 动作或情况同时发生, 或者按顺序进行时, 来使用的连接词尾。

(ㄴ) 동작의 동시 진행과 순차 진행에 관련되는 표현이므로 동작의 주체(주어)는 하나.

(ㄴ) 在动作或情况同时发生或者按顺序进行时, 动作的主体只有一个主语。

(ㄷ) 동사의 기본형과 결합이 되고 기본적으로 과거형 어미와는 결합하지 않는다.

(ㄷ) 上边的展开连接词与动词的基本形连接, 基本上不与过去时连接。

(ㄹ) '-(으)며/(으)면서', '-고', '-자마자', '-다가'는 앞, 뒤 문장 각각의 동작은 상관성이 있을 수도 있고 없을 수도 있다.

(ㄹ) '-(으)며/(으)면서', '-고', '-자마자', '-다가'的句型与前后句中的各个动作有关, 也可能与各个动作无关。

그러나 '-(아/어)서', '-자'는 앞 상황이 지속되고 있고 앞 상황의 배경아래서 뒤의 동작이 이루어진다는 내용으로 반드시 **앞, 뒤 동작 내용은 상관성을 갖는다.**

但是 '-(아/어)서', '-자'表示前面的动作一结束, 马上进行后面的动作, 因此前后动作要有关系。

(1) 동작의 동시 진행을 표현 : -(으)며/(으)면서

(1) 表示动作同时进行 :

① 그녀는 항상 음악을 들으며/으면서 청소를 한다.
(음악을 듣는 행위와 청소하는 행위를 동시에 진행)

① 她总是一边听音乐, 一边打扫。　　(听音乐的行为和打扫的行为同时进行)

(2) 동작의 순차 진행을 표현 : -고, -다가, -자마자, -(아/어)서, -자

(2) 表示动作进行的顺序 :

② 철수는 아침 식사를 하고 학교에 갔다.　　　　(식사를 한 후에 학교에 감)

② [哲洙]吃完早饭, 就上学去了。　　　　　　(吃早饭以后上学去。)

③ 그는 밥을 먹다가 친구의 목소리를 듣고 밖으로 뛰어나갔다.
(먹는 동작을 중간에 멈추고 뛰어나감)

③ 他吃饭时, 听到朋友的声音, 就跑了出去。　　(停止吃饭的动作, 跑出去。)

④ 철수는 학교에서 돌아오자마자 밖으로 나가 버렸다.
(학교에서 돌아온 이후에 바로 밖으로 나갔다.)

④ [哲洙]从学校一回来, 就出去了。　　　　(从学校回来以后, 就出去了。)

⑤ 영희는 내년에 중국에 가서 중국 법률 공부를 하려고 한다.

(중국에 간 이후에 법률 공부를 함)

⑤ [英喜]打算明年去中国学习中国法律。　(去中国以后, 在中国学习法律。)

⑥ 까마귀 날자 배 떨어진다. − 속담 #(까마귀가 날아가고 바로 배가 떨어졌다)

⑥ 乌飞梨落。　　　　　　− 俗语 #　　　(乌鸦一飞, 梨就落了下来)

속담) 까마귀가 날아간 것이 배가 떨어진 것과 관련이 없는데
　　　 까마귀가 배를 떨어뜨린 것으로 의심을 받는다는 내용.
俗语) 乌鸦飞和梨落无关, 可是被怀疑成乌鸦碰落了梨。

아무런 관계없이 한 일이, 공교롭게 시간적으로 비슷한 시기에 벌어진 다른 일의
원인으로 의심을 받는다는 내용을 비유적으로 표현하였다.
比喻毫无关系的事, 碰巧在同一时间发生, 被怀疑成是它的原因。

(3) 전체 문장 종결 술어의 시제에 관계없이 전개 연결 어미는 동사의 기본형과 결합.

　(3) 与最后谓语的整体时态无关, 展开连接词尾要与动词的基本形连接。

전체 문장의 시제가 과거이더라도 전개 연결 어미는 과거형 어미와는 결합하지
않는다.

　虽然整体句子的终结词尾是过去时, 但是展开连接词尾不能与动词过去时的词
　尾连接。

① 她总是一边听音乐, 一边打扫。

　그녀는 항상 음악을 들으면서#¹ 청소를 **했다.** 　　　　　　　　(O)

①' 그녀는 항상 음악을 들었으면서 청소를 **했다.** 　　　　　　　　(×)

　　　　　　과거 시제　　　　**과거 시제**
　　　　　　 过去时　　　　　　 过去时

#¹ 듣− + −으면서 → 들으면서.　('ㄷ' 불규칙 동사)
　　　　　　　　　　　　　　　　　('ㄷ'的不规则动词)

② [哲洙]吃完早饭, 就去学校了。

　② 철수는 아침 식사를 하고 학교에 **갔다.** 　　　　　　　　　(O)

　②' 철수는 아침 식사를 했고 학교에 **갔다.** 　　　　　　　　　(×)

③ 他吃饭时, 听到朋友的声音, 就跑了出去。

③ 그는 밥을 먹다가 친구의 목소리를 듣고 밖으로 뛰어**나갔다.**　　　　(O)

③' 그는 밥을 먹었다가 친구의 목소리를 듣고 밖으로 뛰어**나갔다.**　　　(×)

④ [哲洙]从学校一回来,就出去了。

　　④ 철수는 학교에서 돌아오자마자 밖으로 **나가 버렸다.**　　　(O)

　　④' 철수는 학교에서 돌아왔자마자 밖으로 **나가 버렸다.**　　　(×)

⑤ [英喜]打算明年去中国学习中国法律。

　　⑤ 영희는 내년에 중국에 가서 중국 법률 공부를 **하려고 한다.**　　(O)#²

　　⑤' 영희는 내년에 중국에 가겠서 중국 법률 공부를 **하려고 한다.**　　(×)

#² 종결 시제가 미래 시제이나 전개 연결 어미는 기본형에 연결한다.
#² 虽然终结时态是将来时,但是展开连接词尾要与动词的基本形连接。

⑦ 春天一到,天气就开始热了起来。

　　⑦ 봄이 되자 기온이 오르기 **시작했다.**　　　(O)

　　⑦' 봄이 되었자 기온이 오르기 시작했다.　　　(×)

(4) 전개 연결 어미는 동사에만 연결되나 '-다가'는 동사 외에 형용사와도 연결된다.

(4) 展开连接词尾只连接动词,但是 '-다가'除了动词以外,还可以连接形容词。

⑧ 하늘이 **맑다가** 점차 흐려졌다.　　　　　　　#³ 형용사와도 연결

⑧ 天晴了,又渐渐地阴了下去。　　　　　　　#³ 也可以与形容词连接

(5) 대부분 전개 연결 어미는 앞, 뒤의 동작은 상관성이 있을 수도 있고 없을 수도 있으나,
'-(아/어)서', '-자'는 앞 동작이 뒤의 동작의 배경이나 이유의 상관성을 갖는다.

(5) 大部分的展开连接词尾,可能与前后的动作有关,也可能无关,但是'-(아/어)서' 或'-자'
的连接词尾表示前面的行为是后面行为的背景或理由,所以前后动作要有关系。

① 그녀는 항상 음악을 들으며/으면서 청소를 한다.

　　① 她总是一边听音乐,一边打扫。

음악을 듣는 행위와 청소하는 행위는 서로 관련이 없다.
听音乐,行为和打扫的行为没有关系。

② 철수는 아침 식사를 하고 학교에 갔다.

　　② [哲洙]吃完早饭,就去学校了。

아침 식사를 하는 행위와 학교 가는 행위는 서로 관련이 없다.

#吃早饭的行为和去学校的行为没有关系。

③ 그는 밥을 먹다가 친구의 목소리를 듣고 밖으로 뛰어나갔다.

    ③ 他吃饭时，听到朋友的声音，就跑了出去。

       # 밥을 먹는 행위와 밖으로 나가는 행위는 서로 관련이 없다.
       #吃饭的行为和跑出去的行为没有关系。

④ 철수는 학교에서 돌아오자마자 밖으로 나가 버렸다.

    ④ [哲洙]从学校一回来，就出去了。

       # 학교에서 돌아 온 행위와 밖으로 나가는 행위는 관련이 없다.
       #回家的行为和跑出去的行为没有关系。

⑤ 영희는 내년에 중국에 <u>가서</u> 중국 법률 공부를 하려고 한다.

    ⑤ [英喜]打算明年去中国学习中国法律。

       # 중국에 가 있는 상황(배경)에서 법률 공부를 하는 내용이므로
       전후 동작(중국에 가는 행위와 중국에서 법률 공부를 하는 행위)은 관련이 있다.
       # 去中国的行为和在中国学习法律的行为有关联。

⑦ 봄이 <u>되자</u> 기온이 오르기 시작했다.

    ⑦ 春天一到，天气就开始热了起来。

       # 봄이 되었기 때문에 기온이 오르게 되었으므로 앞뒤의 내용은 상관성이 있다.
       # 春天到了所以天气热了起来，前面的情况和后面的情况有关系。

⑧ 그는 고생을 하고 돈을 벌었다.   (O)

    ⑧ 他辛苦地挣了很多钱。

⑧' 그는 고생을 안 하고 돈을 벌었다.   (O)

    ⑧' 他没怎么辛苦，就挣到了钱。

       # ⑧과 ⑧' 문장은 '－고'라는 연결 어미로 앞의 내용 '고생을 하고, 안하고' 상관없이
       '돈을 벌었다'라는 뒤의 내용을 연결할 수 있다.
       # 在句子⑧和⑧'，连接词尾'－고'不管'辛苦不辛苦'，都可以连接'挣很多钱'的内容。

⑨ 他受了很多苦，挣了很多钱。

    ⑨ 그는 고생을 해서 돈을 벌었다.   (O)

    ⑨' 그는 고생을 안 해서 돈을 벌었다.   (×)

       # '－서 / 아서 / 어서'로 문장은 앞 동작의 배경아래 뒤의 행위가 이루어졌다는 의미이다.
       # '－서 /아서 / 어서'用在前句动作的情况下，再进行后面的动作，所以前后动作要有关系。

⑨ 문장과 같이 고생을 한 상황이 돈을 번 상황의 배경이 되므로 연결이
자연스러우나 ⑨' 문장처럼 고생을 안 한 상황이 돈을 번 상황의 배경이 될 수
없으므로 '-(아/어)서' 문장은 부자연스럽다.
像句子⑨一样,辛苦的情况是挣钱的背景,很自然.但是像句子⑨'一样,
不辛苦的情况不能是挣钱的背景,'-(아/어)서'的句子不自然.
'고생을 안 했지만 돈을 벌었다'를 표현할 경우는 위 ⑧'문장 참고.
想要表示'不辛苦的背景下挣钱'的话,参考上边的句子⑧'。

(6) '-자마자'는 앞 동작을 한 후에, 바로 뒤의 행위를 했다는 의미이므로,

'-자마자'의 문장, 앞 뒤 내용은 모두 긍정문이어야 한다.

(6) '-자마자'句子的意思是做完前面的动作以后,就马上做后面的动作,

所以'-자마자'句子的前后内容,一定都是肯定句。

⑤ [哲洙]从学校一回来,就出去了。

⑤ 철수는 학교에서 돌아오자마자 밖으로 나가 버렸다.　　　　(O)

⑤' 철수는 학교에서 안 돌아오자마자 밖으로 나가 버렸다.　　 (×)

⑤" 철수는 학교에서 돌아오자마자 밖으로 안 나갔다.　　　　 (×)

(7) '-다가'는 원래 기본형만 어미 결합을 할 수 있는데

과거형과 어미 결합을 하는 경우가 있는데 다른 의미를 나타낸다.

(7) '-다가'原来只与基本形词尾连接,但有时也可以与过去时的词尾连接,

那时表示别的意思。

원래의 '-다가' 연결 어미는 기본형과 결합하여
의미는 앞 동작을 하는 중간에 멈추고 다른 동작을 한다는 것이다.
原来连接词尾 '-다가'与基本形连接,意思是中断前一动作转入后一动作。

'-다가'의 뒤의 동작은 앞 동작과는 관계가 없는 어떠한 동작이라도 올 수 있다.

앞 동작과 상반되는 동작이든 관계 없는 동작이든 다 올 수가 있다.

'-다가'后面的动作可以出现与前面动作无关的动作,

无论是与前面的动作相反的动作,还是完全无关的动作,都可以用。

⑩ 그는 학교에 가다가 되돌아 왔다.　　　　　　(가는 중간에 되돌아 옴)

⑩ 他去学校,中途又回来了。　　　　　　　　　(在去的路上,返回来了)

⑪ 그는 땅을 파다가 다시 묻었다.　 (O)　　　　　(앞 동작과 상반 동작)

⑪ 他挖地又把地埋上了。　　　　　　　　　　(与前面的动作相反的动作,是对的)

⑫ 그는 땅을 파다가 뒤를 **돌아보았다**. (O)   (앞 동작과 관계없음)

⑫ 他挖地时,回头向后方看了看。   (与前面的动作无关,是对的。)

'−다가'가 과거형과 어미가 결합할 경우는 행위를 완료한 후에 그와 상반되는 행위를
한다는 의미로, 반드시 뒤의 동작은 앞 동작과 상반되는 동작이어야 한다.
'−다가' 与过去时的词尾连接时,意思是做完前面的行为之后,再做相反的行为,所以后面的
动作一定是与前面的动作相反的动作。

⑩′ 그는 학교에 **갔다가 되돌아왔다**.

                    ('갔다가'와 '되돌아온' 동작은 상반되는 동작)

⑩′ 他到学校之后,又回来了。   (到学校的动作和回来的动作是相反的动作)

갔다가 ←——→ 되돌아왔다   (상반되는 동작)

到(学校) ←——→ 回来了   (与前面的动作相反的动作)

⑪′ 그는 땅을 **팠다가** 다시 **묻었다**.   (O)   (앞 동작과 상반 동작)

⑪′ 他挖了地又把地埋上了。   (与前面的动作相反的动作,是对的)

팠다가 ←——→ 묻었다   (상반되는 동작)

挖了地 ←——→ 把地埋上了   (与前面的动作相反的动作)

앞의 동작과 뒤의 동작이 상반적인 동작이 아닐 경우에는
'−다가'와 과거형 어미를 결합하지 않는다.
后面的动作与前面的动作如果不是相反的动作,'−다가'就不能与过去时的词尾连接。

⑫′ 그는 땅을 **팠다가** 뒤를 **돌아보았다**.   (×)   (상반되는 동작이 아님)

⑫′ 他挖了地,又回头向后方看。   (不是相反的动作,是错的)

팠다가 ←/→ 돌아보았다   (상반되는 동작이 아님)

挖了地 ←/→ 回头看。   (不是相反的动作)

⑫′ 문장을 올바르게 표현하려면 아래와 같이 고쳐야 한다.

想要正确地表达句子 ⑫′ 的话,需作如下修改。

⑫ 그는 땅을 **파다가** 뒤를 **돌아보았다**.   (O)

⑫ 他挖地时,回头向后方看了看。

'−다가'를 기본형과 연결하면
뒤의 동작은 앞 동작과 관계가 있던 없던 어떠한 동작이라도 올 수 있다.
用'−다가'与基本形连接,后面的动作不管与前面的动作有没有关系,都可以附加任何动作。

🐼 대조(对照) : **-(으)나, -지만, -는데, -아/어도**

　– 앞 뒤 내용이 대조를 이룰 때 이를 이어 주는 연결 어미이다.

　　– 前后内容形成对照关系时,连接前后句子的词尾。

　　　① 그는 집이 가난하였으나 비굴하지 않았다.

　　　　① 他虽然家里穷,但是不卑不亢。

　　　② 철수는 중국어 읽기는 잘하지만 말하기는 잘 못한다.

　　　　② [哲洙]中文读得好,就是说不好。

　　　③ 그 선수는 출발은 좋았는데 끝까지 선두를 지키지 못했다.

　　　　③ 那个运动员出发时很不错,但是终没能保持领先。

　　　④ 떡 줄 사람은 생각하지도 않는데 김칫국부터 마신다.　　　　　– 속담 #

　　　　④ 别人根本没想给自己年糕吃,自己却先喝泡菜汤。　　　　– 俗语 #

　　　　自作多情,过于乐观,做梦娶媳妇。

　　　#속담) 예전에 떡을 먹을 경우 목이 메어 잘 안 넘어가서,
　　　　　종종 김칫국과 같이 먹었던 생활 습관에서 유래된 속담이다.
　　　#俗语) 这个俗语来自韩国人以前的生活习惯。韩国以前吃年糕的时候,
　　　　　因为会噎住,而且不容易咽下去,有和泡菜汤一起吃的习惯。

　　　　무엇인가를 해 줄 사람은 생각하고 있지도 않는데
　　　　미리부터 해 주는 것으로 알고 행동한다는 의미.
　　　　　别人没想要给自己做什么,自己却以为是为自己做的。

　　　⑤ 건강 검진 전날 저녁에는 배가 고파도 식사를 하지 말아라.

　　　　⑤ 体检前一天,肚子再饿也不要吃饭。

　　　⑥ 앞날은 매우 험할 것으로 예상되지만 함께 노력해 보자.

　　　　⑥ 预计将来会很艰难,让我们一起努力吧。

🐼 인과 (因果) : **-느라고, -아서/어서, -(으)니/(으)니까, -(으)므로**

　– 앞의 내용이 원인. 이유가 되어 이에 따라 상황이 전개되거나

　　어떠한 결과로 이어진다는 내용을 표현하는 연결 어미이다.

　　– 表示前句的内容成为后句的原因或理由,就此展开情况或产生某种结果的连接词尾。

⑴ -느라고

　⑴ -느라고 (因为～)

　　㉠ 앞의 행위로 인하여 뒤 상황이 좋지 않게 전개되었음을 표현한다.

　　　㉠ 表示因为已经进行过的行为,就此产生后面不好的情况。

　　㉡ 뒤의 상황은 좋지 않은, 원하지 않는, 부정적인 내용이 온다.

　　　즉, '이미 행한 내용' + '-느라고' + '좋지 않은 결과의 내용' 형태이다.

　　　㉡ 后面的情况是不好的,不希望的,负面的内容。

　　　　形态是'已经进行过动作的内容' + '-느라고' + '**不好的结果**'。

　　㉢ 앞 동작에 의한 내용을 설명하고 있으므로 '-느라고'는 동사만 연결되며,

　　　동사는 기본형 형태로만 연결된다.

　　　㉢ 因为表示前面动作的内容,所以 '-느라고'只能连接动词,而且连接的是动

　　　　词的 基本形。

　　㉣ 동작의 주체는 사람이고 '-느라고'에는 시간이 소요되는 동사만이 올 수 있다.

　　　㉣ 动作的主体一定是人,'-느라고'只能连接需要动作时间的动词。

　　㉤ 이미 일어난 행위이므로, 서술형에 적합하고 명령형, 청유형에는 적합하지

　　　않다.

　　　㉤ 因为表示已经进行过的动作,所以适合叙述句,不适合命令句或劝导句。

　① 오늘 아침 늦잠을 **자느라고** 지각을 하였다.

　　① 今天早上睡了懒觉,所以迟到了。

　② 철수는 어젯밤 시험 공부를 **하느라고** 잠을 못 잤다.

　　② [哲洙]昨晚因为准备考试,没睡成觉。

　③ 영희는 허겁지겁 밥을 **먹느라고** 누가 들어 왔는지도 몰랐다.

　　③ [英喜]因为在狼吞虎咽地吃饭,谁进来了都不知道。

　　　# 이미 행한 내용 + '-느라고' + 좋지 않은 내용 / 부정적 내용.
　　　# 已经做过动作的内容 + '-느라고' + **不好的结果 / 负面的内容**。

　②' 철수는 어젯밤 시험 공부를 **안 하느라고** 잠을 잤다.　　　　　　(×) #1

　　②' [哲洙]昨晚因为没准备考试,睡觉了。　　　　　　　　　　　　　(×)

　　　#1 앞 문장이 부정문 형태로 이미 행한 행위를 설명하고 있지 않다.
　　　　#1 前面的句子是否定句,不能说明已经进行过的动作。

②" 철수는 어젯밤 시험 공부를 **하느라고** 잠을 잤다. (×)

②" [哲洙]昨晚因为准备考试,睡觉了。

③' 우리는 허겁지겁 밥을 **먹느라고** 누가 들어 왔는지 알았다. (×) #2

③' 因为狼吞虎咽地吃饭,我们知道谁进来了。

#2 뒤 문장이 부정적인 내용도 아니고 논리적이지 않다.
#2 后面的内容既不是否定的内容,而且也不符合逻辑。

③" 우리는 허겁지겁 밥을 **먹느라고** 누가 들어왔는지 모른 체하자. (×) #3

③" 因为狼吞虎咽地吃饭,我们装不知道谁进来了。

#3 이미 일어난 상황에 적합한 연결 어미로 청유형에는 적합하지 않다.
#3 因为'-느라고'适合已经发生过的情况,不适合劝导句。

④ 오늘 아침에 시간을 잘못 **보느라고** 지각을 하였다. (×) #4

④ 今天早上看错时间,所以迟到了。

#4 '시간을 잘못 본' 상황은 시간이 소요되는 상황이 아니고
순간 상황을 묘사한 내용이므로 '-느라고'와 연결이 부적합함.
#4 句中'看错时间'并不是需要时间,而是描述瞬间情况的内容,
所以与'-느라고'连接是不恰当的。

(2) **-아서 / 어서**

㈀ 앞의 상황이 뒤 상황에 대한 이유, 배경이 된다.

㈀ 前面的情况为后面情况的背景或理由。

㈁ 앞 내용과 뒤의 내용 모두 긍정문, 부정문 가능하다.

㈁ 前面的内容和后面的内容都能使用肯定句和否定句。

㈂ 연결 어미 '-아 / 어서'는 동사 / 형용사의 기본형 형태에 연결된다.

㈂ 连接词尾'-아/어서'一定要连接动词/形容词的基本形。

㈃ 이미 일어난 행위이므로 서술형에 적합하고 명령형, 청유형에는 적합하지 않다.

㈃ 因为表示已经进行过的动作,所以适合叙述句,不适合命令句,劝导句。

① 철수는 배가 **고파서** 일에 집중할 수가 없었다.

① [哲洙]因为肚子饿,不能专心工作。

② 오늘은 날씨가 맑고 **건조해서** 빨래하기가 좋았다.

② 今天天气晴朗干燥,所以适合洗衣服。

③ 영희는 아직 **어려서** 학교에 안 다닌다.

    ③ [英喜]还小, 所以不能上学。

④ 시간이 **없어서** 택시를 탔다.

    ④ 因为时间不够, 所以打了出租车。

①' 철수는 배가 **고팠서** 일에 집중할 수가 없었다.   (×) #¹

    ①' [哲洙]因为肚子饿, 不能专心工作。

    #¹ '-아 / 어서'는 동사, 형용사의 기본형에 연결된다.
       #¹ '-아 / 어서'一定连接动词/形容词的基本形。

②' 오늘은 날씨가 맑고 **건조해서 빨래를 해라.**   (×) #²

    ②' 今天天气晴朗干燥, 快洗衣服吧。

    #² '-아 / 어서'의 문장은 명령형, 청유형에는 적합하지 않다.
       #² '-아 / 어서' 不适合命令句, 劝导句。

⑶ -(으)니/(으)니까, -(으)므로

  ㈀ 앞의 상황이 뒤 상황에 대한 조건이 되며 변하지 않은 내용이다.

    ㈀ 前面情况为后面情况的条件, 是不变的内容。

  ㈁ 앞 상황으로 이유를 설명하는 '-(으)니/(으)니까', '-(으)므로'는
    동사 / 형용사의 현재, 과거형, 미래에 연결할 수 있다.

    ㈁ 用前面情况来说明理由的连接词尾'-(으)니/(으)니까,
      -(으)므로'来连接动词/形容词的现在时, 过去时或将来时。

  ㈂ 문장의 형태도 서술문, 명령문, 청유문 등 제한이 없다.

    ㈂ 句子的形式是没有限制的。叙述句, 命令句, 劝导句都可以。

  ① 날씨가 **화창하니까** 많은 사람들이 공원에 나왔다.

    ① 天气很晴朗, 许多人就上公园来了。

  ② 시험도 **끝났으니** 주말에 놀러 가기로 하였다.

    ② 考试也结束了, 决定周末去玩。

  ②' 시험도 **끝났으니까** 주말에 놀러 가기로 하자.

    ②' 考试也结束了, 我们周末去玩吧。

  ③ 이제 식사를 다 **했으니까** 디저트를 주문하거라.

    ③ 现在吃完饭了, 点点儿甜点吧。

④ 연말이 **다가오므로** 전체적으로 어수선한 분위기다.

　　④ 临近年末, 整体上显得乱糟糟的。

⑤ 당시에 철수는 장남**이었으므로** 부모님을 모셔야 했다.

　　⑤ 当时[哲洙]是长子, 所以得赡养父母。

참고) 용언의 연결 어미는 아니나, 인과 관계 문장에서 자주 쓰이는
'명사 + -에' 표현으로 '덕분에', '때문에', '바람에'가 있다.

　# 参考) 虽然不是谓语的连接词尾, 但是在因果关系的句子上, 常用'名词 + -에',
例如'덕분에'(托~福), '때문에'(因为), '바람에'(因为)。

'앞에 서술한 인물, 상황이 원인이 되어 뒤의 상황이 결과로 나타났다'라는
의미이다.

　意思是由于前面人物或情况的原因, 展开后面的情况。

(ㄱ) '**덕분에**'는 긍정적인 영향을 표현.

　(ㄱ) '**덕분에**'(托~福)表示积极的影响。

① 선생님 **덕분에** 학교 생활을 무사히 마칠 수 있었습니다.

　① 托老师的福, 学校生活顺利地结束了。

② 염려해 주신 **덕분에** 잘 지내고 있습니다.

　② 承蒙您惦念, 过得很好。

(ㄴ) '**때문에**'는 긍정, 부정적 내용이 가능하나 주로 부정적 내용을 표현한다.

　(ㄴ) '**때문에**'(因为)表示积极或负面的内容, 大部分表示负面的内容。

③ 일이 많기 **때문에** 시간을 낼 수가 없다.

　③ 因为事多, 抽不出时间来。

④ 너 **때문에** 내가 얼마나 힘들었는지 아니?

　④ 你不知道, 因为你, 我有多累。

(ㄷ) '**바람에**'는 부정적인 내용을 표현한다.

　(ㄷ) '**바람에**'(因为)表示负面的内容。

⑤ 늦잠을 자는 **바람에** 아침 식사를 못했다.

　⑤ 因为睡懒觉, 没吃成早饭。

⑥ 급히 먹는 **바람에** 체했다.

　⑥ 吃得太急, 就积食了。

01 다음 중에서 연결 어미 활용이 <u>잘못된</u> 것은 어느 것인가?

下面例句中,哪个是使用不正确的连接词尾？

① 어렸을 때 나는 운동을 **좋아했고** 영희는 미술을 좋아했다.

② 어렸을 때 나는 운동을 **좋아하고** 영희는 미술을 좋아했다.

③ 어렸을 때 나는 운동을 **좋아했으며** 영희는 미술을 좋아했다.

④ 어렸을 때 나는 운동을 **좋아하며** 영희는 미술을 좋아했다.

02 다음 문장의 ( )에 가장 적합하지 않은 연결 어미는 어느 것인가?

下面例句中,哪个是最不适合括号内的连接词？

예문(例句) : 철수는 아침 식사를 하( ) 학교에 갔다.

① 고 ② 다가 ③ 며 ④ 자마자

03 다음 문장에서 밑줄 친 전개 연결 어미 활용이 가장 올바른 것은?

下面展开连接词尾中,哪个是最正确的？

① 그는 학교에 <u>갔다가</u> 되돌아왔다.

② 그는 땅을 <u>팠다가</u> 뒤를 돌아보았다.

③ 그는 밥을 <u>먹었다가</u> 밖으로 뛰어나갔다.

④ 그녀는 음악을 <u>들었으면서</u> 청소를 했다.

04 다음 문장의 ( )에 가장 적합하지 않은 연결 어미는 어느 것인가?

下面例句中,哪个是不适合括号内的连接词？

예문(例句) : 그는 고생을 ( ) 돈을 벌었다.

① 해서 ② 안 해서 ③ 하고 ④ 안 하고

05 다음 문장 중 표현이 가장 어색한 문장은 어느 것인가?

　　下面例句中,哪个是最不恰当的句子?

　　① 그는 가난하였으므로 비굴하지는 않았다.

　　② 그는 가난하였지만 비굴하지는 않았다.

　　③ 그는 가난하였으나 비굴하지는 않았다.

　　④ 그는 가난하였어도 비굴하지는 않았다.

06 다음 문장의 (　　)에 적합하지 않은 연결 어미는 어느 것인가?

　　下面例句中,哪个是不适合括号内的连接词?

예문(例句) : 오늘 아침 늦잠을 (자다) 지각을 하였다.

　　① 자서　　　　② 자느라고　　　③ 잤지만　　　④ 잤으니까

07 다음 문장의 (　　) 에 적합하지 않은 연결 어미는 어느 것인가?

　　下面例句中,哪个是不适合括号内的连接词?

예문(例句) : 날씨가 화창(　　) 많은 사람들이 공원에 나왔다.

　　① 해서　　　　② 하느라고　　　③ 하니　　　④ 하니까

08 다음 중에서 예문의 내용과 같은 의미를 갖는 문장을 모두 고르시오

　　请把与下面例句内容相同的句子,全部选择出来。

예문(例句) : 급히 먹는 바람에 체했다. 　　　　　吃得太急,就积食了。

　　① 급히 먹어서 체했다.　　　　　② 급히 먹으니 체했다.

　　③ 급히 먹으니까 체했다.　　　　④ 급히 먹어도 체했다.

🪭 정답(答案)

01 ④ : 전체 문장 시제가 과거인 경우에 '-고'는 과거 어미, 현재 어미 둘 다 가능.

'-(으)며'는 반드시 과거 시제 어미 '-았/었-'을 사용해야 한다.

: 整个句子的时态是过去时的话, '-고'可以连接过去时的词尾或者现在时的词尾,

但是'-(으)며'一定得连接过去时的词尾'-았/었-'。

小时候我喜欢运动,[英喜]喜欢美术。

02 ③ : ③ 철수는 아침 식사를 하며 학교에 갔다. (X)

: ③[哲洙]一边吃饭,一边去学校。

① 철수는 아침 식사를 하고 학교에 갔다.   - 순차 진행을 표현

① [哲洙]吃完早饭,就去学校了。   - 表示顺序进行。

② 철수는 아침 식사를 하다가 학교에 갔다.   - 식사를 중단하고 학교에 갔다.

② [哲洙]没吃完早饭,去了学校。   - 中止吃饭去学校。

④ 철수는 아침 식사를 하자마자 학교에 갔다.   - 완료 후 다른 동작

④ [哲洙]一吃完早饭,就马上去学校。   - 做完一个动作,马上进行别的动作。

03 ① : ① 他到学校以后, 又回来了。

'-다가'는 동사 기본형 외에 과거형과도 결합할 수 있는데

이 경우는 앞의 동작을 완료한 후 앞 동작과 상반되는 동작을 하였다라는 의미이다.

'-다가' 除了与基本形连接以外,也可以与过去时的词尾连接,

与过去时的词尾连接时,意思是结束前面的动作以后,进行与前面的动作相反的动作。

② 그는 땅을 팠다가 뒤를 돌아보았다.   (X)   팠다가 → '파다가'

② 他挖地时,回头向后方看。

③ 그는 밥을 먹었다가 밖으로 뛰어나갔다. (X)   먹었다가 → '먹다가'

③ 他吃饭时,跑了出去。

④ 그녀는 음악을 들었으면서 청소를 했다. (X)   들었으면서 → 들으면서

④ 她一边听音乐,一边打扫了。

04 ② : 전개 연결 어미 '-고'는 앞, 뒤 내용의 상관성이 없어도 문장에 이상이 없으나,

'-서/아서/어서'로 문장을 연결할 경우는 앞 동작의 배경아래 뒤의 행위가

이루어졌다는 의미로 앞, 뒤 내용은 상관성을 가져야 한다.

: 连接词尾 '-고'不管前后的内容有无关系,都可以连接前后内容,但是'-서/아서/어서'

要在前面动作的情况下,再做后面的动作,所以前后动作要有密切关系。

② '고생을 안 해서 돈을 벌었다'는 고생을 안 한 상황이 돈을 번 상황의 배경이

될 수 없으므로 문장②는 부자연스럽다.

② '他没受苦,所以挣了很多钱.'

'不辛苦的情况'不能是挣钱的背景,所以句子②是不自然的。

① 他受了很多苦,所以挣了很多钱。

③ 他辛苦地挣了很多钱。

④ 他没怎么辛苦,就挣到了钱。

05 ① : ① 他家里穷,所以不卑不亢。 (X)
　　② 他虽然家里穷,但是不卑不亢。
　　③ 他虽然家里穷,但是不卑不亢。
　　④ 他虽然家里穷,但是不卑不亢。

06 ③ : ③ '오늘 아침 늦잠을 **잤지만** 지각을 하였다'는 어색한 표현
　　③ '今天早上睡了懒觉,但是迟到了.'是不自然的。
　　① 오늘 아침 늦잠을 **자서** 지각을 하였다. (O)
　　① 今天早上睡了懒觉,所以迟到了。
　　② 오늘 아침 늦잠을 **자느라고** 지각을 하였다. (O)
　　② 今天早上睡了懒觉,所以迟到了。
　　④ 오늘 아침 늦잠을 **잤으니까** 지각을 하였다. (O)
　　④ 今天早上睡了懒觉,所以迟到了。

07 ② : ② '날씨가 화창**하느라고** 많은 사람들이 공원에 나왔다'는 어색한 문장이다.
　　② '为了天气晴朗,许多人就上公园来了.'是不自然的。
　　① 날씨가 화창**해서** 많은 사람들이 공원에 나왔다. (O)
　　① 天气很晴朗,所以许多人就上公园来了。
　　③ 날씨가 화창**하니** 많은 사람들이 공원에 나왔다. (O)
　　③ 因为天气很晴朗,许多人就上公园来了。
　　④ 날씨가 화창**하니까** 많은 사람들이 공원에 나왔다. (O)
　　④ 天气很晴朗,许多人就上公园来了。

08 ①, ②, ③ : '급히 먹는 바람에 체했다'에서 '**바람에**'는 인과 관계를 나타내는
　　부사어로 주로 좋지 않은 내용을 표현한다.
　　: '吃得太急,就积食了.' '바람에'是表示因果关系的状语,主要表现不好的内容。
　　① 吃得太急,所以积食了。 (O)　　② 因为吃得太急,就积食了。 (O)
　　③ 因为吃得太急,就积食了。(O)　　④ 吃得太急,但是就积食了。 (X)

🐼 **조건적 가정(条件的假设) : -(으)면, -아/어야**

‐ 앞 내용이 뒤 내용의 조건이 되며 과거, 현재, 미래형 제한이 없다.

  ‐ 前面的内容是后面内容的条件, 可以用于过去时, 现在时, 将来时。

‐ 전체 문장이 과거 내용이면 '-(으)면, -아/어야' 앞에는 충족이 되었어야 하는 선결
  조건을, 뒤에는 실현이 될 수도 있었다는 내용을 표현한다.

  ‐ 如果整个句子内容是过去时的话, '-(으)면, -아/어야' 的前面,
    表示过去应该满足的先决条件, 后面表示希望实现的过去愿望。

‐ 전체 문장이 현재, 미래 내용이면 '-(으)면, -아/어야' 앞에는 충족이 되어야 하는 선결
  조건을, 뒤에는 실현이 될 수도 있다는 미래의 내용을 표현한다.

  ‐ 如果整个句子内容是现在时或将来时的话, '-(으)면, -아/어야' 前面,
    表示必须得到满足的先决条件, 后面则表示希望实现的将来愿望。

  (ㄱ) '-(으)면'은 서술문, 명령문, 청유문 등의 형태에 제약은 없으나,
    '-아/어야'는 명령형, 청유형에는 사용하지 않는다.

    (ㄱ) '-(으)면' 对陈述句, 命令句, 劝导句等句子形式没有限制,
      但是 '-아/어야' 不用于命令句和劝导句。

  (ㄴ) '-(으)면'은 단순 조건을 표현하며 문장 앞에 '만일(에)/만약(에)'를 사용,
    조건을 강조하기도 한다.

    (ㄴ) '-(으)면' 表示单纯条件, 在句子的前面添加 '만일(에)/만약(에)' 来强调条件。

  (ㄷ) '-아/어야'는 필수 조건을 표현한다.

    (ㄷ) '-아/어야' 表示必须条件。

  ① 철수가 간다면 영희도 간다고 했다.   (미래 행위의 조건)

    ① [英喜]说[哲洙]去的话, 自己也去。   (将来行为的条件)

  ①' 만약에 철수가 간다면 영희도 분명히 갈 거야.   (강조)

    ①' 如果[哲洙]去的话, [英喜]也一定去。   (强调)

  ② 어제 날씨가 맑았다면 좋았을 텐데.   (과거의 희망 조건)

    ② 要是昨天天气晴朗的话, 多好啊。   (过去的希望条件)

  ③ 만일 내일 비가 온다면 운동회는 연기될 것이다.   (미래의 조건)

③ 要是明天下雨, 运动会就会延期。 (将来行为的条件)

④ 만약 그가 사장이라는 것을 알았다**면**, 네가 그렇게 행동하지는 않았을 것이다.

(과거행위의 조건)

④ 要是知道他曾经是经理, 你就不会那么做。 (过去行为的条件)

⑤ 그 당시 돈이 있었**어야** 물건을 살 수 있었다. (과거의 조건)

⑤ 当时只有有钱, 才能买东西。 (过去的条件)

⑥ 유학 비자가 있**어야** 유학을 갈 수 있다. (미래 행위의 조건)

⑥ 只有有留学签证, 才能出国留学。 (将来行为的条件)

⑥' 유학 비자가 있**어야** 유학을 가거라. (×)

⑥" 유학 비자가 있**어야** 유학을 갑시다. (×)

⑥', ⑥" '아 / 어야'는 단정적인 문장과 어울리며 명령형, 청유형과는 어울리지 않는다.
⑥'. ⑥" '아 / 어야' 表示必须条件, 适合断定的内容, 不适合命令句, 劝导句。

⑥''' 유학 비자가 있**으면** 유학을 가거라. (○)

⑥''' 要是有留学签证, 出国留学吧。 (○)

'-(으)면'은 문장 형태 제약이 없다. 청유형도 적합하다.
'-(으)면'对句子形式没有限制, 劝导句也没问题。

⑦ 가는 말이 고**와야** 오는 말이 곱다. − 속담#

⑦礼尚往来。语言也要礼尚往来。 − 俗语#

속담) 상대방에 대해 거친 말이 아닌 좋은 말을 하면 상대방도 좋은 말을 하게 된다는
의미의 속담이다.
俗语) 对对方说礼貌的语言, 那么对方也会对你说礼貌的话。

🐼 양보적 가정(让步的假设) : − 더라도, − 아도 / 어도, − (으)ㄹ지라도

− 과거의 내용이면 이미 일어난 상황을 인정하지만 이를 극복했어야 했다는 의미이다.

− 过去时的话, 表示尽管承认已经发生的情况, 但还是要克服那种情况。

− 현재의 상황이 좋지 않은 상황이지만 극복을 해야 한다는 의미이다.

− 表示虽然现在的情况不好, 但还是要克服那种情况。

− 미래의 내용이면 미래에 일어날 상황이 나빠지는 것을 가정하고 이를 극복해야 한다는
의미를 표현한다.

- 将来时的话,表示假设将来发生的情况会变得严重,但还要克服那种情况。

(ㄱ) 양보적 가정 관계를 갖는 연결 어미는 시제 제한이 없다.

  (ㄱ) 让步假设关系的连接词尾没有时态限制。

(ㄴ) 서술문, 명령문, 청유문 등 문장 형태의 제약도 없다.

  (ㄴ) 对句子形式没有限制,用于陈述句,命令句,劝导句都可以。

(ㄷ) 위의 연결 어미들은 동사, 형용사와 결합할 수 있다.

  (ㄷ) 上边的连接词尾可以与动词或者形容词连接。

(ㄹ) 양보적 가정은 문장 앞에 부사 '비록', '아무리'와 잘 어울린다.

  (ㄹ) 让步的假设在句子的前面,可以与副词 '비록', '아무리' 一起用。

(ㅁ) '-더라도, -(으)ㄹ지라도'의 문장 앞에 '만일(에)/ 만약(에)'를 사용,
강조하기도 한다.

  (ㅁ) 在'-더라도, -(으)ㄹ지라도' 句子的前面,使用'만일(에)/ 만약(에)',
  来强调假设的意思。

① 지금은 **늦었더라도** 이제부터 부지런히 가면 따라잡을 수 있다.

  ① 即使现在有点儿晚,但抓紧时间走的话,也就可以赶得上。

② **아무리** 지위가 **높았더라도** 항상 겸손해야 했다.

  ② 即使地位再高,也总是要谦虚。

③ 그는 비록 배우지 **못하였더라도** 예의 범절을 잘 지킨다.

  ③ 他虽然没上过学,但他很懂礼貌。

④ **아무리 힘들어도** 끝까지 참아라.

  ④ 即使再苦再累也要忍耐到底。

⑤ 내년에 어떠한 난관이 **닥칠지라도** 우리는 헤쳐 나가자.

  ⑤ 不论明年遇到什么困难,咱们还是克服吧。

⑥ 내일 비가 **오더라도** 우리는 출발할 것이다.

  ⑥ 明天下雨,我们也要出发。

⑥' 만일(에) 내일 비가 **오더라도** 우리는 출발할 것이다.

  ⑥' 即使明天下雨,我们也要出发。

⑦ 만일 내년에 세계 시장이 좋지 **않더라도** 투자는 계속할 예정이다.

  ⑦ 明年即使全球市场不好,也打算继续投资。

⑧ 만일 돈이 없어 굶어 죽을지라도 비굴하지는 않겠다.

⑧ 万一没钱, 饿死也不会卑屈。

⑥´, ⑦, ⑧ '만일(에)', '만약(에)'는 생략도 가능하다.
句子⑥´, ⑦, ⑧ 可以省略'만일에', '만약에'。

⑨ 하늘이 무너져도 솟아날 구멍은 있다.   − 속담 #

⑨ 车到山前, 必有路。   − 俗语 #

속담) '하늘이 무너진다는 절망적인 상황에서도 밖으로 나갈 구멍이 있다' 라는 의미로,
'절망 속에서도 희망을 잃지 말고 노력을 하자'라는 격려의 내용이다.
속담) '在天崩地裂的绝望中, 也会有逃出去的洞'的意思,
比喻在绝望中不要失去希望, 应该继续努力。

🐼 목적 : −(으)러, −(으)려고, −(으)려면, −도록, −게
목적 : −(으)러, −(으)려고, −(으)려면, −도록, −게

− 앞 내용이 뒤의 내용의 목적이 된다.

− 前面的内容为后面内容的目的。

− 즉, '앞 내용의 행위를 실행하기 위하여 뒤의 행위를 한다'라는 의미이다.

− 即表示 '为了做前面的行为, 而做后面的行为' 的意思。

㈀ 목적 관계를 갖는 연결 어미는 과거형 어미와 연결하지 않는다.

㈀ 目的关系的连接词尾, 不与过去时的词尾连接。

㈁ 위 연결 어미는 문장의 종결어미 시제가 과거, 현재, 미래에 관계없이
사용된다.

㈁ 上边的连接词尾, 不管终结时态是过去时, 现在时或将来时, 都可以与基本形
连接。

㈂ 위의 연결 어미들은 동사와만 연결된다.

㈂ 目的关系的连接词尾, 只与动词连接。

㈃ '−(으)려고'는 주어의 의지를 표현하는 내용으로 명령문, 청유문과는 맞지
않는다.

㈃ '−(으)려고'表示主体的强烈意图, 所以不适于命令句和劝导句。

㈄ '−(으)려고' 외 다른 목적 연결 어미는 문장 형태의 제약은 없다.

(ㅁ) 除了'-(으)려고'以外, 其他目的关系的连接词尾对句子的形态没有限制。

① 철수는 돈을 찾으러 은행에 갔다.   – 과거

  ① [哲洙]为了取钱去银行了。   – 过去时

  ①' 철수는 돈을 찾았으러 은행에 갔다.   (×) #1

> #1 목적 관계를 갖는 연결 어미는 과거형에 연결하지 않는다.
>   #1 目的关系的连接词尾, 不与过去时的词尾连接。

② 우리는 돈을 찾으려고 은행에 간다.   – 현재

  ② 我们为了取钱去银行。   – 现在时

  ②' 우리는 돈을 찾으려고 은행에 가자.   (×) #2

> #2 '-(으)려고'는 주어의 의지를 나타내며, 명령문, 청유문과는 맞지 않는다.
>   #2 '-(으)려고'表示主体的强烈意图, 所以不适于命令句和劝导句。

③ 돈을 찾으려면 은행에 가야 한다.

  ③ 要取钱的话, 应该去银行。

④ 기회가 오면 놓치지 않도록 준비하고 있어야 한다.

  ④ 要做好充足的准备, 免得错过机会。

⑤ 바람이 잘 통하도록 창문을 열어 두었다.

  ⑤ 把窗户开着, 以便通风。

⑥ 모두들 감기에 걸리지 않게 조심했어야 했다.

  ⑥ 那时大家要小心别着凉。

🐼 수단 / 방식(手段 / 方式) : -고, -아서 / 어서

 – 어떤 행위를 하는데 활용한 수단이나 방식을 표현하는 연결 어미이다.

  表示在做什么行为时, 而使用的手段或方式的连接词尾。

(ㄱ) '-고', '-아서 / 어서'는 동사 기본형에 연결된다.

  (ㄱ) '-고', '-아서 / 어서' 只与动词的基本形连接。

(ㄴ) '-고'는 타동사와 '-아서 / 어서'는 자동사와 연결된다.

  (ㄴ) '-고'与他动词连接, '-아서 / 어서'与自动词连接。

(ㄷ) 문장 형태는 제약이 없다.

(ㄷ) 对句子的形式没有限制。

① 철수는 버스를 **타고** 집으로 돌아갔다.

   ① [哲洙]坐公共汽车回家了。

①' 철수는 버스를 **탔고** 집으로 돌아갔다.   (×)

    # '-고', '-아서/어서'는 동사 기본형에 연결된다. 과거형과는 연결되지 않는다.
      # '-고', '-아서/어서'只能与动词的基本形连接, 不能与过去时的词尾连接。

①" 철수는 버스를 **타서** 집으로 돌아갔다.   (×)

    # 타동사 '타다'는 '-고'와 연결된다.
      # 他动词 '타다'与 '-고'连接。

② 차를 타지 않고 **걸어서** 다니는 것도 좋은 운동이 된다.

   ② 不坐车, 走路也是很好的运动。

②' 차를 타지 않고 **걸었어** 다니는 것도 좋은 운동이 되었다.   (×)

    # '-고', '-아서/어서'는 동사 기본형에 연결된다.
      # '-고', '-아서/어서'只与动词的基本形连接。

②" 차를 타지 않고 **걷고** 다니는 것도 좋은 운동이 된다.   (×)

    # 자동사 '걷다'는 '-어서/아서'와 연결된다.
      # 自动词 '걷다' 与 '-어서/아서' 连接。

③ 앉아서 졸지 말고 **누워서** 편하게 자거라!(#²)

   ③ 别坐着打瞌睡, 躺着舒服地睡吧!

    #² 눕- + -어서 → 누우- + -어서→ 누워서(#³)
    #³ '우' + '-어' 결합할 때는 모음 축약으로 '워'로 바뀐다.
      #³ 由于是母音合并, '우'和'-어'结合时, 变成'워'。

③' 앉아서 졸지 말고 **누웠서** 편하게 자거라!   (×)

    # '-고', '-아서/어서'는 동사 기본형에 연결된다.
      # '-고', '-아서/어서' 只与动词的基本形连接。

③" 앉아서 졸지 말고 **눕고** 편하게 자거라!   (×)

자동사 '눕다'는 '-어서/아서'와 연결.
自动词'눕다'与'-어서/아서' 连接。

④ 눈을 뜨고 자는 사람이 어디 있겠는가?

    ④ 哪有睁着眼睡觉的人?

④' 눈을 떠서 자는 사람이 어디 있겠는가?   (×)

타동사 '뜨다'는 '-고'와 연결.
他动词'뜨다'与'-고'连接。

🐼 선택(选择) : -거나, -든/든지, -지 말고

- 두 문장의 내용을 선택관계로 이어 주는 연결 어미이다.
- 连接两个句子内容,来表示选择关系的连接词尾。

(ㄱ) '-거나', '-든/든지'는 동사, 형용사 어떠한 형태와도 연결된다.

    (ㄱ) '-거나', '-든/든지' 可以与动词/形容词的任何形态连接。

(ㄴ) '-거나', '-든/든지'는 문장의 종결 어미에 따른 문장 형태는 제약이 없다.

    (ㄴ) '-거나', '-든/든지'对句子的形式没有限制。

(ㄷ) '-지 말고'는 앞의 내용보다는 뒤의 내용을 선택할 때 사용한다.

    (ㄷ) 不选择前面的内容,而是选择后面的内容时使用'-지 말고'。

(ㄷ) '-지 말고'는 동사와 연결되며 주로 명령형이나 권유형 형태로 많이 사용한다.

    (ㄷ) '-지 말고'只与动词连接,主要用于命令句或劝导句。

① 그는 판사이거나 아니면 검사일 가능성이 높다.

    ① 他很有可能是法官或检察官。

② 그는 당시에 판사였거나 검사였을 가능성이 높았다.

    ② 当时他很有可能是法官或检察官。

③ 비가 오거나 눈이 오는 날은 대중 교통을 이용하는 것이 좋다.

    ③ 下雨或下雪天最好乘坐公共交通工具。

④ 가든지 말든지 마음대로 하여라.

    ④ 去不去随便吧。

⑤ 네가 가든 말든 나는 상관하지 않겠다.

    ⑤ 你去不去,与我无关。

⑥ 이번 여름에 서해안으로 가지 말고 동해안으로 가자.

    ⑥ 这个夏天别去西海岸,去东海岸吧。

🐼 배경(背景) : -아서/어서, -(으)니, -는데

– 어떤 행위를 하거나 상황이 전개되는 시간적 배경 또는 상황적 배경을 표현하기 위해
사용되는 연결 어미이다.

    – 在某些行为或情况展开时,为表示时间背景或情况背景而使用的连接词尾。

(ㄱ) '-아서/어서'는 동사, 형용사 기본형에 연결된다.

    (ㄱ) '-아서/어서' 与动词/形容词的基本形连接。

(ㄴ) '-(으)니'는 동사의 기본형에 연결된다.

    (ㄴ) '-(으)니' 与动词的基本形连接。

(ㄷ) '-(으)니'는 명령형이나 청유형에는 적합하지 않다.

    (ㄷ) '-(으)니' 不适合命令句或劝导句。

(ㄹ) '-는데'는 동사, 형용사에 연결되며 형태 제한이 없다.

    (ㄹ) '-는데' 可以与动词/形容词的任何形式连接。

① 그는 젊어서 고생을 많이 했지만 늙어서 행복한 삶을 살았다.

    ① 他年轻时受了不少苦,晚年才过上了幸福的生活。

    ①' 그는 젊었어서 고생을 많이 했다.   (×)

      # '-아서/어서'는 동사, 형용사 기본형에 연결된다.

        # '-아서/어서' 与动词/形容词的基本形连接。

② 제 시간에 가지 못할 것 같아서 택시를 탔다.

    ② 担心不能按时到,所以坐了出租车。

③ 할 말이 없어서 그냥 앉아 있었다.

    ③ 没话可说,只好坐着。

④ 할 일이 없으니 집에 있을 수밖에 없었다.

    ④ 没事可做,只好呆在家里。

⑤ 그 방에 들어가 보니 아이들이 즐겁게 놀고 있었다.

    ⑤ 走进那间屋子一看,孩子们玩得正欢。

⑤' 그 방에 들어가 보니 아이들과 즐겁게 놀아라.　　　(×)

　　# '-(으)니'는 명령형이나 청유형에는 적합하지 않다.
　　　# '-(으)니' 不适合命令句或劝导句。

⑥ 어제 학교에 가 보니 아무도 없었다.

　　⑥ 昨天去学校一看,没一个人。

⑥' 어제 학교에 가 봤으니 아무도 없었다.　　　(×)

　　# '-(으)니'는 동사의 기본형에 연결된다.
　　　# '-(으)니' 与动词的基本形连接。

⑦ 식사를 하고 있는데 친구가 찾아왔다.

　　⑦ 正在吃饭,朋友来了。

⑦' 식사를 하고 있었는데 친구가 찾아왔다.　　　(○)

　　# '-는데'는 동사, 형용사에 연결되며 형태 제한이 없다.
　　　# '-는데' 可以与动词/形容词的任何形式连接。

그는 땅을 파다가 묻었다. (○)
他挖地又把地埋上了。
그는 땅을 팠다가 묻었다. (○)
他挖了地又把地埋上了。

그는 땅을 파다가 뒤를 돌아 보았다. (○)
그는 땅을 팠다가 뒤를 돌아 보았다. (×)
他挖地时,回头向后方看了看。

01 다음 속담 중 ( ) 안에 적합한 연결 어미를 <u>모두</u> 고르시오.

请把符合下面句子的连接词尾,全部选择出来。

> 속담 : '가는 말이 고( ), 오는 말이 곱다.'

① 울지라도　　② 와야　　③ 우면　　④ 와도

02 다음 문장의 ( ) 에 적합하지 <u>않은</u> 연결 어미는 어느 것인가?

下面例句中,哪个是不适合括号内的连接词尾？

> 예문(例句) : 하늘이 (무너지다) 솟아 날 구멍이 있다.

① 무너져도　　　　　　　② 무너지더라도
③ 무너질지라도　　　　　④ 무너져야

3 ~ 6) 다음 문장들의 ( ) 에 적합한 연결 어미를 아래 네모 안에서 선택하시오.

　3 ~ 6) 请从下面的方框中,选择出适当的连接词填空。

03 철수는 돈을 찾( ) 은행에 갔다.

04 바람이 통하( ) 창문을 열었다.

05 내일 비가 오( ) 우리는 출발한다.

06 차를 타지 않고 걸( ) 다니는 것도 좋다.

> ① 도록　② (으)려고　③ 아/어서　④ 거나　⑤ 더라도　⑥ 고

07 다음 문장 중 표현이 <u>잘못된</u> 문장을 고르시오.

请选择出下面错误的句子。

① 돈을 찾으려면 은행에 가야 했다.

② 돈을 찾았으러 은행에 갔다.

③ 감기에 걸리지 않게 조심했어야 했다.

④ 버스를 타고 집으로 돌아갔다.

08 다음 문장의 ( ) 에 <u>적합하지 않은</u> 연결 어미는 어느 것인가?

下面例句中,哪个是不适合括号内的连接词？

> 예문(例句) : 가( ) 말( ) 마음대로 하여라.

① 니   ② 든   ③ 든지   ④ 거나

09 다음 문장의 ( ) 에 적합한 연결 어미는 어느 것인가?

下面例句中,哪个是适合括号内的连接词？

> 예문(例句) : (㉠ 젊다) 고생을 많이 했지만. 이제 와 생각해 (㉡ 보다) 행복한 삶이었다.

① ㉠ 젊어서   ㉡ 보니   ② ㉠ 젊어서   ㉡ 보았니
③ ㉠ 젊었어서   ㉡ 보니   ④ ㉠ 젊었어서   ㉡ 보았니

🪭 정답(答案)

01 ②, ③ : ②, ③ 가는 말이 **고와야 / 고우면** 오는 말이 곱다.

　　　: ②, ③ 礼尚往来。语言也要礼尚往来。

　　# '–아 / 어야', '–(으)면'은 조건적 가정을 표현하는 연결 어미이다.

　　　'–(으)ㄹ지라도', '–아 / 어도'는 앞의 상황을 극복한다는 문장에 적합한 연결 어미이다.

　　# '–아 / 어야' '–(으)면' 是表示条件假设关系的连接词尾。

　　　克服前面情况时'–(으)ㄹ지라도', '–아 / 어도' 是恰当的连接词尾。

02 ④ : 하늘이 무너**져도** / 무너지**더라도** / 무너**질지라도** 솟아날 구멍은 있다.

　　　: 车到山前,必有路。

'무너**져야**'는 조건적 가정을 표현하는 연결 어미로 적합하지 않다.
'무너**져야**' 是条件的假设关系的连接词尾,所以是不恰当的。

03 ② : 철수는 돈을 <u>찾으려고</u> 은행에 갔다.

: [哲洙]为了取钱去了银行。

04 ① : 바람이 통하**도록** 창문을 열었다.

: 为了通风,把窗打开了

05 ⑤ : 내일 비가 <u>오**더라도**</u> 우리는 출발한다.

: 明天即使下雨,我们也要出发。

06 ③ : 차를 타지 않고 <u>**걸어서**</u> 다니는 것도 좋다.

: 不坐车,走路也很好。

07 ② : ② 돈을 찾았으려 은행에 갔다. → <u>**찾으러**</u>

: ② 为了取钱, 去了银行。

전체 문장이 과거형이어도 '−(으)러, −(으)려고, −(으)려면, −도록, −게'
목적 연결어미는 기본형과 연결한다.

虽然整个句子的时态是过去时,目的关系的连接词尾'−(으)러, −(으)려고,
−(으)려면, −도록, −게'一定要与基本形连接。

08 ① : <u>가든 말든</u> 마음대로 하여라.

<u>가든지 말든지</u> 마음대로 하여라.

<u>가거나 말거나</u> 마음대로 하여라.

: 去不去随便吧。

09 ① : **젊어서** 고생을 많이 했지만, 이제 와 생각해 **보니** 행복한 삶이었다.

: 年轻时吃过很多苦,现在回想起来是幸福的人生。

어떤 행위나 상황의 시간적 배경 또는 상황적 배경을 표현하는
'−**아서 / 어서**, −**(으)니**'는 기본형에 연결된다.

在某些行为或情况展开时,为表示时间背景或情况背景,
而使用的连接词尾 '−**아서/어서**, −**(으)니**'。'−**아서/어서**, −**(으)니**'与基本形连接。

절을 이용한 문장의 연결 用'节'连接句子

> 절 : '주어 + 술어'의 성분이 들어 있으나 하나의 문장이 되지 못하고, 다른 문장 속에서 명사, 관형사, 부사, 술어 역할을 하는 것이 절이다.
> 节 : 虽然有'主语 + 谓语'的成分,但不是一个句子,
> 　　 而是在别的句子里,起名词,冠词,副词,谓语的作用。
> 절에는 명사절, 관형절, 부사절, 서술절, 인용절 등이 있는데 이를 이용하여 앞, 뒤의 문장을 하나의 문장으로 연결한다.
> 　　 节的种类有名词节,冠词节,副词节,叙述节,引用节,
> 　　 用这种节连接前面的句子和后面的句子。

㉠ 명사절 : '주어 + 술어' 구조가 명사화되어 전체 문장에서
　　　　　　 명사(주어, 목적어, 보어) 역할을 하는 절을 의미한다.
　㉠ 名词节 : '主语 + 谓语'的结构是名词化,
　　　　　　　 在整个句子中起名词(主语,宾语,补语)的作用。
㉡ 관형절 : '주어 + 술어' 구조가 전체 문장에서 관형사 역할을 하는 절
　㉡ 冠词节 : '主语 + 谓语' 的结构,在整个句子中起冠词的作用。
㉢ 부사절 : '주어 + 술어' 구조가 전체 문장에서 부사 역할을 하는 절
　㉢ 副词节 : '主语 + 谓语'的结构,在整个句子中起状语的作用。
㉣ 서술절 : '주어 + 술어' 구조가 전체 문장에서 술어 역할을 하는 절
　㉣ 叙述节 : '主语 + 谓语'的结构,在整个句子中起谓语的作用。
㉤ 인용절 : '주어 + 술어' 구조가 전체 문장에서 인용이 되는 절
　㉤ 引用节 : '主语 + 谓语'的结构,在整个句子中起被引用的作用。

🐼 명사절이 있는 문장
含有名词节的句子

㉠ '주어 + 술어'에서 술어 부문을 명사형 전성 어미를 활용하여 명사절화한다.
　㉠ 在'主语 + 谓语'中,把谓语部分使用的名词化词尾转化成名词节。
㉡ 명사절화하여 전체 문장에서 주어, 목적어, 보어 역할을 한다.
　㉡ 名词节在整个句子中起主语,宾语或补语的作用。

(ㄷ) 명사형 전성 어미로는 '-ㅁ/음', '-기', '-ㄴ/은/는 것', '-느냐', '-ㄹ/을지', '-ㄴ/는가', '-는지'가 있다.

　　대표적 전성 어미는 '-ㅁ/음', '-기', '-ㄴ/은/는 것'이다.

　　(ㄷ) 名词化词尾是 '-ㅁ/음', '-기', '-ㄴ/은/는 것', '-느냐', '-ㄹ/을지', '-ㄴ/는가', '-는지'. 常用的名词化词尾是 '-ㅁ/음', '-기', '-ㄴ/은/는 것'.

(1) -ㅁ/음

　　: '-ㅁ/음'은 이미 이루어진 상황이나 판단, 단정적인 문장에 주로 사용하며 기본형 이외에도 과거형 어미와도 연결된다.

　　: '-ㅁ/음'主要用于已经实现的, 已经决定的, 判断或确定的句子, 除了与基本形连接以外, 过去时的词尾也可以连接。

　　① 나는 그녀를 사랑하고 있었다.

　　　① 我爱着她。

　　　　　+

　　② 나는 그녀와 헤어지고 나서야 이를 알게 되었다.

　　　② 我跟她分手后, 才知道这事。

→　③ 나는 그녀와 헤어지고 나서야 <u>그녀를 사랑하고 있었음</u>을 알게 되었다.

→　　③ 我跟她分手后, 才知道我还爱着她。

　　　　# 문장 ③에서 밑줄 친 청색 부분이 '-ㅁ/음'을 활용한 명사절이고, 전체 문장에서 목적어 역할을 한다.

　　　　# 句子 ③中, 下线的青色部分是用 '-ㅁ/음'的名词节, 在整个句子中起宾语的作用。

　　④ 그가 범인이었다.

　　　④ 他曾经是犯人。

　　　　　+

　　⑤ 경찰 조사로 밝혀졌다.

　　　⑤ 经警察调查查明了。

→　⑥ 경찰 조사로 그가 범인임이 밝혀졌다.　　　　　　　　　(○)

　　　⑥' 경찰 조사로 그가 범인이었음이 밝혀졌다.　　　　　(○)

→　⑥ ⑥' 经警察调查, 查明了他是个犯人。

'-ㅁ/음' 명사형 전성 어미는 과거형 어미와도 연결된다.
名词化词尾'-ㅁ/음'也与过去时的词尾连接。

(2) -기

  : '-기'는 아직 이루어지지 않은 상황과 감정적인 내용을 갖는 문장에 주로
    사용되며 과거형 어미와는 연결되지 않는다.

   : '-기' 主要用于还没实现的,还没决定的,或者表达情感的内容,
     不能与过去时的词尾连接。

  ⑦ 그는 비밀을 절대로 누설 안 하기로 했다.

    ⑦ 他决定绝对不泄露秘密。

      +

  ⑧ 그는 친구와 이를 굳게 약속하였다.

    ⑧ 他和朋友约好了这件事。

→ ⑨ 그는 **비밀을 절대로 누설하지 않기로** 친구와 약속하였다.   (○)

    ⑨' 그는 **비밀을 절대로 누설하지 않음을** 친구와 약속하였다.   (×)

→   ⑨ 他和朋友约好绝对不泄露这个秘密。

    # '-기'는 아직 이루어지지 않은 내용을 갖는 명사형 전성 어미이다.
     # '-기' 是表示还没实现内容的名词化词尾。

⑩ 감기 걸리다.

  ⑩ 感冒。

     +

⑪ 비를 맞으면 그렇게 되기가 쉽다.

  ⑪ 淋雨的话,很容易变成那个样子。

→ ⑫ 비를 맞으면 **감기에 걸리기가** 쉽다.   (○)

    ⑫' 비를 맞으면 **감기에 걸림이** 쉽다.   (×)

→   ⑫ 淋雨很容易感冒。

⑬ 그 집은 주위가 시끄러운 집이었다.

  ⑬ 那个房子周围的环境是嘈杂的。

     +

⑭ 철수는 그런 집에서 사는 것을 싫어했다.

　　⑭ [哲洙]不喜欢住在那种房子里。

→ ⑮ 철수는 주위가 시끄러운 **집에서 살기**를 싫어했다.　　　　　　(○)

　　⑮' 철수는 주위가 시끄러운 집에서 살았기를 싫어했다.　　　　　(×)

→ ⑮ [哲洙]不喜欢住在周围嘈杂的房子里。

　　　　# '-기'는 과거형 어미와는 어울리지 않는다.
　　　　　# '-기' 不能与过去时的词尾连接。

(3) '-ㄴ 것/-은 것/-는 것'

　　: '-ㄴ/은/는 것'은 과거, 현재, 미래 어미와도 연결되며 문어체,
　　구어체 상관없이 널리 활용된다.

　　　: '-ㄴ/은/는 것' 可以与过去时, 现在时和将来时的词尾连接,
　　　广泛应用于口语和书面语。

① 일생을 살면서 올바로 산다는 것은 쉽지 않은 일이다.　　　　　(현재)

　　① 人活一辈子, 善良正直地生活不容易。　　　　　　　　　　(现在时)

② 그가 그 일을 저질렀다는 것은 믿을 수가 없다.　　　　　　　(과거)

　　② 不相信他犯了那样的错误。　　　　　　　　　　　　　(过去时)

③ 그가 하려는 것은 이제까지 아무도 시도하지 않은 일이다.　　　(미래)

　　③ 他要做的事是别人从来没做过的事。　　　　　　　　　(将来时)

(4) '-느냐', '-ㄴ/는 가', '-는지', '-ㄹ/을지'

　　: '-느냐', '-ㄴ/는 가', '-는지', '-ㄹ/을지'는 의문 형태의 명사절을 구성하며 '-
　　ㄹ/을지'는 미래 어미만 연결되며, 그 외는 과거, 현재, 미래 어미와도 연결된다.

　　: '-느냐', '-ㄴ/는 가', '-는지', '-ㄹ/을지' 构成疑问形式的名词节, '-ㄹ/을지'
　　　只能与将来时的词尾连接, 除 '-ㄹ/을지' 以外的名词节, 都可以与过去时, 现
　　　在时和将来时的词尾连接。

① 현재 무엇을 먹고 사느냐가 삶의 척도가 될 수는 없다.　　　　(현재)

　　① 现在靠什么过日子, 不能成为生活的标尺。　　　　　　　(现在时)

② 사건이 있었던 날 그가 어디에 있었느냐가 관건이다.　　　　　(과거)

　　② 发生事件的那天, 关键是他在哪儿。　　　　　　　　　(过去时)

③ 향후 무엇을 할 수 있느냐는 오늘의 노력에 달려 있다.　　　　　(미래)

　③ 今后能做什么,取决于今天的努力。　　　　　(将来时)

④ 사람은 무엇으로 사는가가 화제가 된 적이 있다.　　　　　(현재)

　④ 人靠什么生活,曾经成为话题。　　　　　(现在时)

⑤ 그가 전에 무엇을 했는가에 대해 아무도 관심이 없었다.　　　　　(과거)

　⑤ 没有人关心他以前做什么。　　　　　(过去时)

⑥ 내일 무엇을 할 것인가를 고민해야 할 시간이다.　　　　　(미래)

　⑥ 是要考虑明天做什么的时候了。　　　　　(将来时)

⑦ 어제 무슨 일이 일어났었는지를 누가 알겠는가?　　　　　(과거)

　⑦ 谁知道昨天发生了什么事？　　　　　(过去时)

⑧ 내일 무슨 일이 일어날지를 누가 알겠는가?　　　　　(미래)

　⑧ 谁知道明天会发生什么事？　　　　　(将来时)

⑨ 그녀가 올지 안 올지 아무도 모른다.　　　　　(미래)

　⑨ 谁也不知道她来不来。　　　　　(将来时)

🐼 관형절이 있는 문장
　含有冠词节的句子

㉠ '주어+술어'에서 술어 부분을 관형사형 전성 어미를 활용하여 관형절화한다.

　㉠ '主语+谓语'中,把谓语用冠词化词尾转化成冠词节。

㉡ 관형절화 되어 전체 문장에서 관형어 역할을 하여 체언을 수식한다.

　㉡ 冠词节在整个句子中,起修饰体词的作用。

㉢ 관형사형 전성어미로는 어간과 시제에 따라 아래와 같이 적용한다.

　㉢ 冠词化词尾,根据谓语的词干和时态应用如下。

	현재(现在时)	과거(过去时)	미래(将来时)
동사(动词)	'-는'	'-ㄴ/은', '-던', '-ㅆ던/았던/었던'	'-ㄹ/을'
형용사(形容词)	'-ㄴ/은'	'-던', '-ㅆ던/았던/었던'	'-ㄹ/을'
이다(助词이다)	'-ㄴ'	'-던', '-었던'	'-ㄹ'

㉣ 현재, 과거, 미래형 어미는 관형절 문장 시점이 어느 시점이냐에 따라 구분 사용된다.

(ㄹ) 现在时,过去时和将来时的词尾,根据冠词节的时态来区分使用。

(ㅁ) 우선 전체 문장의 시제에 따라 관형절의 어미를 같게 활용한다. 전체 문장이 현재 시제면 현재형 어미, 과거 시제면 과거형 어미, 미래 시제면 미래형 어미를 사용한다.

(ㅁ) 首先,按照整个句子的时态,冠词节的时态要用同种时态。

整个句子的时态是现在时的话,冠词节的时态要用现在时的词尾,

整个句子的时态是过去时的话,冠词节的时态要用过去时的词尾,

整个句子的时态是将来时的话,冠词节的时态要用将来时的词尾。

① 철수가 읽고 있는 책은 바로 네가 갖고 있는 책과 같다.　　　　　(현재)

　　① [哲洙]正在读的书和你有的书一样。　　　　　(现在时)

② 그 당시 내가 갔던 곳은 바로 학교였다.　　　　　(과거)

　　② 当时我去的地方就是学校。　　　　　(过去时)

③ 학생이었던 나는 도서관에 가서 공부를 했었다.　　　　　(과거)

　　③ 曾是学生的我,常去图书馆读书。　　　　　(过去时)

④ 그들이 함께 할 날은 언제 올까?　　　　　(미래)

　　④ 跟他们在一起的日子,什么时候能到来?　　　　　(将来时)

(ㅂ) 관형절 문장의 시점과 전체 문장의 시점 차이에 따라 관형절의 시제를 표현한다.

(ㅂ) 根据词节时点和整个句子时点的差异,来表示冠词节的时态。

㉠ 관형절의 시점이 전체 문장 시점과 동일하면 → 현재형 관형절

　㉠ 如果冠词节时点与整个句子时点相同的话,用现在时的冠词节。

㉡ 관형절의 시점이 전체 문장 시점보다 앞서면 → 과거형 관형절

　㉡ 如果冠词节时点比整个句子时点更早的话,用过去时的冠词节。

㉢ 관형절의 시점이 전체 문장 시점보다 뒤면 → 미래형 관형절

　㉢ 如果冠词节时点比整个句子时点更晚的话,用将来时的冠词节。

⑤ 친구가 찾아오는 날에 파티를 열었다.　　　　　(동일 시점)

　⑤ 朋友来找我的那天,举办了宴会。　　　　　(相同的时点)

⑥ 그 날 어머니는 예쁜 강아지를 사 오셨다.　　　　　(동일 시점)

　⑥ 那天妈妈买回来了一只漂亮的小狗。　　　　　(相同的时点)

문장 ⑤,⑥ : 관형절 문장의 시점이 과거로 전체 문장과 시점 동일 → 현재형 관형절
　　# 句子 ⑤,⑥：冠词节时点与整个句子时点都是过去时,用现在时的冠词节。

⑦ 그때 **고등학생이었던** 친구들이 어떻게 변해 있을까?　　　　　　(앞선 시점)

　　⑦ 高中时代的朋友们，现在会有什么变化呢？　　　　　　(更早的时点)

　　# 문장 ⑦ : 관형절 시제가 전체 문장 시점보다 앞서면 → 과거형 관형절
　　　# 句子 ⑦：冠词节时点比整个句子时点更早,用过去时的冠词节。

⑧ 어머니는 결혼식에 **입을** 옷을 사 오셨다.　　　　　　　　　　(뒤 시점)

　　⑧ 妈妈买来了婚礼上要穿的衣服。　　　　　　　　　　　　(更晚的时点)

　　# 문장 ⑧ : 관형절 시제가 전체 문장 시점보다 후행 → 미래형 관형절
　　　# 句子 ⑧：冠词节时点比整个句子时点更晚,用将来现在时的冠词节。

(ㅅ) 다음과 같은 경우에는 전체 문장의 시점에 관계없이 관형절의 문장은
　　현재형 어미를 사용한다.

　　(ㅅ) 在下面的情况下,不管整个句子的时点如何,冠词节的时态用现在时的词尾。

－ 관형절의 문장 시점이 전체 문장 시점과 동일할 경우

　　－ 冠词节时点与整个句子时点相同时。

⑥ 그날 어머니는 **예쁜** 강아지를 사 오셨다.

　　⑥ 那天妈妈买来了一只漂亮的小狗。

－ 반복, 중복되는 상황을 표현할 경우

　　－ 表示反复,重复的情况时。

⑨ **날씨가 좋은 날**은 공원에 자주 가곤 했다.

　　⑨ 天气好的时候,经常去公园。

－ 변하지 않는 사실인 경우를 표현할 경우

　　－ 表示不变的事实时。

⑩ **해가 동쪽에서 뜨는** 한은 우리의 약속은 변하지 않을 것이다.

　　⑩ 只要太阳从东边升起,我们的承诺就不会变。

(ㅇ) '가능성, 기회, 때, 뻔, 자신' 등을 수식하는 관형절은

　　미래 시제 어미 '-ㄹ/을'을 사용한다.

　　　(ㅇ) 修饰 '가능성(可能性), 기회(机会), 때(时候), 뻔(差点儿做~),

　　　　　자신(自信)等'的冠词节,要用将来时的词尾'-ㄹ/을'.

⑪ 그 당시는 외국 갈 기회가 매우 적었다.

　　⑪ 当年出国的机会很少。

⑫ 자전거를 탈 때 큰일날 뻔한 적이 한두 번이 아니었다.

　　⑫ 骑自行车时,差点儿出了大事故,不止一两次了。

⑫′ 자전거를 탄 때 큰일난 뻔한 적이 한두 번이 아니었다.　　　　　　(×)

　　　# 참고: 예쁜 강아지와 예쁘던 강아지

　　　 # 参考：漂亮的小狗

⑥ 그날 어머니는 **예쁜** 강아지를 사 오셨다.　　　　　　　　　　　(○)

　　⑥ 那天妈妈买来了一只漂亮的小狗。

⑥′ 그날 어머니는 **예쁘던** 강아지를 사 오셨다.　　　　　　　　　　(×)

　　　# 문장 ⑥ : 형용사의 관형절 시점이 전체 문장과 동일하면 → 현재형 어미

　　　 # 句子⑥ : 形容词的冠词节时点与整个句子的时点相同 → 要用现在时的词尾。

⑬ 그렇게 **예쁘던** 강아지가 이렇게 변했네!　　　　　　　　　　　(○)

　　⑬ 那么漂亮的小狗变成了这样。

　　　# 문장⑬ : 관형절의 시점이 전체 문장보다 앞선 시점이면 → 과거형 어미

　　　 # 句子⑬ : 冠词节时点比整个句子时点更早,　　　→ 要用过去时的冠词节。

🐼 부사절을 안은 문장
　　含有副词节的句子

(ㄱ) '주어 + 술어'에서 술어 부문을 부사형 전성 어미를 활용하여 부사절화되어

　　전체 문장에서 동사, 형용사, 서술어를 수식하는 부사어 역할을 한다.

　　　(ㄱ) '主语+谓语'中,把谓语用副词化词尾转化副词节,

　　　　　在整个句子里起修饰动词,形容词或谓语的状语作用。

(ㄴ) 대표적 전성 어미는 '-게', '-듯/듯이', '-도록' '-이' 등이 있다.

　　　(ㄴ) 常用的副词化词尾是 '-게', '-듯/듯이', '-도록', '-이' 等。

① 철수는 **재빠르게** 동생의 과자를 낚아챘다.

　　① [哲洙]飞快地抢了弟弟的饼干。

② 영희는 매운탕을 먹으면서 **비오듯** 땀을 흘렸다.

　　② [英喜]吃辣汤时,汗流得像雨一样。

③ 그는 그날의 기억이 **불현듯(이)** 떠올랐다.

　　③ 她突然想起了那天的事来。

④ 철수는 발에 **땀이 나도록** 뛰었다.

　　④ [哲洙]跑得脚都出了汗。

⑤ 그는 친구의 부름에 **쏜살같이** 뛰어나갔다.

　　⑤ 朋友叫他,他飞速地跑了出去。

⑥ 출발 총성이 울리자 선수들이 **바람같이** 달려나갔다.

　　⑥ 出发枪声一响,运动员们像风一样跑了出去。

⑦ 도둑이 남의 집에 **소리없이** 들어갔다.

　　⑦ 小偷悄无声息地进入了别人家的房子。

(ㄹ) 부사절화한 문장은 비유적 표현의 관형화된 것이 많고 과거형 어미와는
맞지 않는다.

　　(ㄹ) 副词化词尾的状语,有很多比喻性表现,也有很多惯性表现,与过去时的词尾
　　　不搭配。

① 철수는 **재빠르게** 동생의 과자를 낚아챘다.　　　　　　　　　　　(O)

　　① [哲洙]飞快地抢了弟弟的饼干。

①′ 철수는 **재빨랐게** 동생의 과자를 낚아챘다.　　　　　　　　　　(×)

② 영희는 매운탕을 먹으면서 **비오듯** 땀을 흘렸다.　　　　　　　　(O)

　　② [英喜]吃辣汤时,汗流得像雨一样。

②′ 영희는 매운탕을 먹으면서 **비왔듯** 땀을 흘렸다.　　　　　　　　(×)

④ 철수는 발에 **땀이 나도록** 뛰었다.　　　　　　　　　　　　　　(O)

　　④ [哲洙]跑得脚都出了汗。

⑦ 도둑이 남의 집에 **소리없이** 들어갔다.　　　　　　　　　　　　(O)

　　⑦ 小偷悄无声息地进入了别人家的房子。

🐼 서술절을 안은 문장
含有叙述节的句子

(ㄱ) '주어 + 술어' 문장이 변화되는 부분없이 그대로 전체 문장의 술어 역할을 한다.

　(ㄱ) '主语 + 谓语'的句子没有变化, 直接起整个句子的谓语作用。

(ㄴ) 서술절이 있는 전체 문장은 마치 주어가 두 개인 것처럼 보인다.

　(ㄴ) 有叙述节的整个句子, 看起来像有两个主语似的。

① 말은 **꼬리가 길다.**

　① 马尾巴很长。

② 어머니는 **잔소리가 많으시다.**

　② 妈妈唠叨话很多。

③ 한국어는 **동사 변화가 많다.**

　③ 韩语动词的变化很多。

④ 이 책은 **설명이 자세하다.**

　④ 这本书说明得很详细。

🐼 인용절을 안은 문장
含有引用节的句子

(ㄱ) '주어 + 술어' 문장이 인용되어 인용절 역할을 한다.

　(ㄱ) '主语 + 谓语'的句子被引用, 起整个句子的引用节作用。

(ㄴ) 인용이 되는 문장은 직접 인용과 간접 인용 두 가지가 있다.

　(ㄴ) 被引用的句子有'直接引用' 和 '间接引用', 两种引用方法。

(ㄷ) 직접 인용은 " "를 사용하여 " " 안에 인용하고자 하는 내용을 그대로 표현하고
" " 끝부분에 조사 '(이)라고' 를 사용한다.

　(ㄷ) 直接引用, 是用" "(引号)在" "(引号)里直接表现想要说的内容,
　　　在引号后面添加助词'(이)라고', 就行了。

① 경찰은 "여러 정황과 증거로 미루어 볼 때 김영석이 범인이다"라고
발표하였다.

　① 警察发表说"根据各种情况和证据, [金英石]是犯人"。

② 철수는 "이 문제는 내가 풀 수 있어"라고 말하면서 앞으로 나왔다.

② [哲洙]一边说"这个问题我可以解决"，一边走上前去。

㉣ 간접 인용은 " " 없이 인용되는 내용을 표현하고 인용 내용의 끝부분에
　조사 '고/(이)라고'를 사용한다.

　　㉣ 间接引用不用" "(引号)来表现被引用的内容,被引用内容的后面
　　　要添加助词'고或(이)라고'。

　①' 경찰은 여러 정황과 증거로 미루어 볼 때 김영식이 범인이라고 발표하였다.

　　①' 警察发表说根据各种情况和证据,[金英石]是犯人。

　②' 철수는 그 문제는 자기가 풀 수 있다고 말하면서 앞으로 나왔다.

　　②' [哲洙]一边说那个问题自己可以解决,一边走上前去。

　　간접 인용에서는 인용되는 내용의 주어와 술어 등은 전체 문장과의 관계를
　　고려하여 수정하여 인용한다.

　　　在间接引用中,被引用内容的主语和谓语,一定要根据整个句子的内容修改
　　　后再引用。

직접 인용문

　② 철수는 "이 문제는 내가 풀 수 있어"라고 말하면서 앞으로 나왔다.

　　直接引用句　② [哲洙]一边说"这个问题我可以解决"一边走上前去。

간접 인용문

　②' 철수는 그 문제는 자기가 풀 수 있다고 말하면서 앞으로 나왔다.

　　间接引用句　②' [哲洙]一边说那个问题自己可以解决,一边走上前去。

　　직접 인용문　②　→ 간접 인용문　②'

　　直接引用句　②　→ 间接引用句　②'

이 문제	→ 그 문제	(관형어 수정)
这个 问题	→ 那个 问题	(修改冠词)
내	→ 자기	(대명사 수정)
我	→ 自己	(修改代词)
"~ 있어" 라고	→ ~ 있다고	(술어 수정)
可以~	可以~	(修改谓语)

01 다음 중 두 예문을 연결한 문장으로 가장 적합한 문장을 고르시오.

下面连接两个例句的句子中, 哪个是最正确的？

> 예문(例句) : (ㄱ) 비를 맞았다.
>
> (ㄴ) 감기에 쉽게 걸렸다.

① 비를 맞았으면 감기에 걸렸음이 쉽다.
② 비를 맞았으면 감기에 걸림이 쉽다.
③ 비를 맞으면 감기에 걸리기가 쉽다.
④ 비를 맞으면 감기에 걸렸기가 쉽다.

02 다음 두 예문을 연결한 문장 중 적합한 문장은 모두 고르시오.

请把下面连接两个例句的句子中, 正确的句子全部挑出来。

> 예문(例句) : (ㄱ) 그가 범인이었다.
>
> (ㄴ) 경찰 조사로 밝혀졌다.

① 경찰 조사로 그가 범인임이 밝혀졌다.
② 경찰 조사로 그가 범인이었음이 밝혀졌다.
③ 경찰 조사로 그가 범인이기가 밝혀졌다.
④ 경찰 조사로 그가 범인이었기가 밝혀졌다.

03 다음 명사절을 이용한 문장 중 잘못 표현된 문장은 어느 것인가?

下面使用名词节的句子中, 哪个是错误的？

① 그가 하려는 것은 이제까지 아무도 시도하지 않은 일이다.
② 사건이 있었던 날 그가 어디에 있었느냐가 관건이다.
③ 향후 무엇을 할 수 있는가는 오늘의 노력에 달려 있다.
④ 그녀가 어제 밤에 올지 안 올지 아무도 몰랐다.

04 다음 예문의 ( ) 에 들어 갈 내용이 올바른 관형어 조합은?

下面冠词中,哪个与例句括号里的冠词更搭配？

> 예문(例句) : ㉠ 그날 어머니가 (예쁘다) 강아지를 사 오셨다.
>
> ㉡ 고등학생(이다) 친구들이 지금은 어떻게 변해 있을까?

① ㉠ 예쁜　　㉡ 일

② ㉠ 예쁜　　㉡ 이었던

③ ㉠ 예쁘던　㉡ 인

④ ㉠ 예쁘던　㉡ 이었던

05 다음 관형절이 있는 문장 중 올바른 문장을 모두 고르시오?

请把下面使用正确冠词节的句子,全部挑出来。

① 날씨가 좋은 날은 공원에 자주 가곤 했다.

② 해가 동쪽에서 뜨는 한은 우리의 약속은 지키자.

③ 그 당시는 외국 갈 기회가 매우 적었다.

④ 자전거를 탈 때 큰일난 뻔한 적이 한 두 번이 아니였다.

06 다음 문장의 ( ) 안에 들어 갈 내용으로 적합한 조합은?

下面副词中,哪个与例句括号里的冠词更搭配？

> 예문(例句) : 철수는 동생 모르게 (㉠ 재빠르다) 매운탕을 먹었다.
>
> 매운탕을 먹으면서 땀을 (㉡ 비오다) 흘렸다.

① ㉠ 재빠르게　㉡ 비오듯이

② ㉠ 재빠르게　㉡ 비왔듯이

③ ㉠ 재빨랐게　㉡ 비오듯이

④ ㉠ 재빨랐게　㉡ 비왔듯이

07 다음 직접 인용 예문을 간접 인용문으로 전환에 적합한 조합은?

下面生词中,哪个是适合将直接引用句变成间接引用句的生词？

> 예문(例句) : 그날 철수는 "이 문제는 내가 풀 수 있어" 라고 말하면서 앞으로 나왔었다.
>
> → 그날 철수는 (㉠) 문제는 (㉡)가 풀 수 (㉢) 말하면서 앞으로 나왔었다.

	㉠	㉡	㉢		㉠	㉡	㉢
①	이	내	있어요	②	저	그	있어요
③	그	제	있다고	④	그	자기	있다고

🪭 **정답(答案)**

01 ③ : ③ 淋雨很容易感冒。

　　# '쉽다, 어렵다, 싫다, 괴롭다, 힘들다, 지루하다 등'의 감정적인 형용사는 '-기'와

　　　잘 어울리며 '-기' 명사형은 과거형 어미와는 연결되지 않는다.

　　# '쉽다(容易), 어렵다(难), 싫다(不喜欢), 괴롭다(难过), 힘들다(辛苦), 지루하다

　　　(无聊)等表达情感的形容词,与'-기'搭配,'-기'名词化词尾不与过去时的词尾连接。

02 ①, ② : ①, ② 经警察调查,查明他是犯人。

　　# '-ㅁ/음' 명사형은 '밝혀지다, 부인하다, 알려지다, 주장하다 등' 의 판단과 단정적인

　　　동사와 잘 어울리며 **과거형 어미와도 연결된다.**

　　# '-ㅁ/음'名词化词尾,与 '밝혀지다(揭露), 부인하다(否认), 알려지다(众所周知),

　　　주장하다(主张)等的判断或断定动词搭配,**也与过去时的词尾连接。**

03 ④ : '-ㄴ 것', '-은/는 것', '-느냐', '-ㄴ/는 가', '-는지' 는 과거, 현재, 미래 어미와도

　　　연결되며 '-ㄹ/을지'는 미래 어미만 연결된다.

　　: '-ㄴ 것', '-은/는 것', '-느냐', '-ㄴ/는 가', '-는지'与过去时,现在时或将来时的

　　　词尾连接,但'-ㄹ/을지'只与将来时的词尾连接。

04 ② : ㉠ 그 날 어머니는 **예쁜** 강아지를 사 오셨다. 　　　　　　　(동일 시점)

　　　㉠ 那天妈妈买回来了一只漂亮的小狗。 　　　　　　　　　(相同的时点)

　　　㉡ 고등학생**이었던** 친구들이 지금은 어떻게 변해 있을까? (앞선 시점)

　　　㉡ 高中时代的朋友们,现在会有什么变化呢？ 　　　　　　(更早的时点)

05 ①, ②, ③ : ①, ② 반복 상황이나 변하지 않을 사실의 관형절은 현재형으로 표현한다.

　　　　①, ②用冠词节来表现重复的情况或不变的事实,那么冠词节的时态要用现在时。

　　　　: ① 天气好的时候,经常去公园。

　　　　　② 只要太阳从东边升起,我们的承诺就不会变。

　　　　③, ④'가능성, 기회, 때, 뻔, 자신' 등을 수식하는 관형절은

미래 시제 어미 '-ㄹ/을'을 사용한다.

③, ④ 修饰'가능성(可能性), 기회(机会), 때(时候),뻔(差点儿做~),
자신(自信)等'的冠词节, 要用将来时的词尾'-ㄹ/을'.

③ 当年出国的机会很少。

④ 자전거를 **탈** 때 큰일**난** 뻔한 적이 한 두 번이 아니였다. (X)

④ 자전거를 **탈** 때 **큰일날** 뻔한 적이 한 두 번이 아니였다. (O)

④ 骑自行车时,差点儿出了大事故,不止一两次了。

06 ① ：[哲洙]背着弟弟急急忙忙地偷吃了辣汤。吃辣汤时,汗流得像雨一样。

'재빠르게', '비오듯이', '쏜살같이' 등의 부사절은 과거형과는 어울리지 않는다.

'재빠르게', '비오듯이', '쏜살같이' 等的副词节不能与过去时的词尾搭配。

07 ④ ： 그날 철수는 "**이 문제는 내가 풀 수 있어**"라고 말하면서 앞으로 나왔었다.

→ 철수는 그 문제는 자기가 풀 수 있다고 말하면서 앞으로 나왔다.

：当天[哲洙]一边说"这个问题我可以解决",一边走上前去。

→ [哲洙]一边说那个问题自己可以解决,一边走上前去。

⑯ 한국의 속담 – '교훈' 관련된 속담
⑯ 关于'经验教训'的俗语

– 개구리가 올챙이 적 생각 못한다.

– 直译)青蛙记不得蝌蚪的时候。好了伤,忘了疼。

형편이 나아진 사람이 지난 날의 어렵던 시절의 생각을 안 하고 돈을 마구 쓰거나 다른
사람을 업신여긴다.
또는 지위가 올라간 사람이 아래 사람을 업신여기는 경우를 비유한다.

家境变好的人从不想过去艰难的日子,却乱花钱或看不起别人。

或者比喻地位高升的人看不起手下人。

– 그림의 떡

– 画中之饼

가지고 싶으나 가질 수 없거나 또는 먹고 싶으나 먹을 수 없는 경우와 같이 이루고 싶으나
이루기 힘든 경우를 비유한다.

比喻想吃却吃不到,想拿却拿不到,想实现却难以实现的情况。

– 꼬리가 길면 잡힌다.

– 尾巴长,会被踩。

남 모르게 하는 좋지 못한 행동도 계속하게 되면 언젠가는 발각이 된다는 표현이다.

比喻常做坏事,总有一天会被败露的。

– 콩으로 메주를 만든다 하여도 안 믿는다.

– 说'酱糗子是用黄豆做的',说什么谁都不会相信他的。

메주는 콩으로 만든다. 이 말은 맞는 말이나 평소 신뢰감이 떨어지는 말과 행동을 많이
하였기에 "콩으로 메주를 만든다"고 말하여도 못 믿겠다는 비유이다.

酱糗子是用黄豆做的,原来这句话是对的。可平时他谎话说得太多了,

没得到别人的信任,偶尔一句真话也没人相信他的。

– 남의 떡이 커 보인다.

– 别人的年糕显得更大。

남이 가지고 있는 떡이 자신의 떡보다 커 보인다는 뜻으로 다른 사람의 물건이 더 좋아
보인다는 의미이다.

指看别人的年糕比自己的年糕更大,比喻总是看别人的东西或事情更好。

– 누워서 침 뱉기

– 躺着吐唾沫。

누워서 침을 뱉으면 자신의 얼굴로 떨어지게 됨을 나타내며 남을 욕하였으나 그 욕이
자신에게 돌아오고 다른 사람을 해치려 하였으나 자신에게 해가 돌아오게 되는 것을 비유한다.

指躺着吐唾沫,会掉到自己的脸上。比喻如果骂别人或指责别人的话,反而会害了自己。

– 늙은 말이 길을 안다.

– 老马识途。

나이와 경험이 많은 사람이 일에 대한 이치를 잘 알고 있음을 비유한다.

比喻有年纪和经验的老人熟知事里。

– 달걀로 바위치기

– 鸡蛋碰石头。

능력이 부족함에도 시도를 하는 무모한 행동을 비유한다.

比喻能力不足却鲁莽尝试的行为。

– 달면 삼키고 쓰면 뱉는다.

– 咽甜吐苦。

'일을 하거나 사람을 사귐에 있어서, 옳고 그름이나 신의보다는 자신에게 이익이 되면
조건이나 사람을 받아들이고, 자신에게 손해가 되면 거부한다'라는 의미로 자신의
이익만을 중요시하는 것을 표현한다.

工作或打交道的时侯,不讲对错,不重视信誉,只重视自己的利益。

如果对自己有利的话,就接受;对自己无利的话,就拒绝。

– 돌다리도 두들겨 보고 건너라.

– 石桥也要敲着过。

잘 알고 있는 일이라도 신중하게 주의를 기울여서 해야 한다라는 의미이다.

熟识的事,也得慎重处理。万事三思而后行。

– 두 손뼉이 맞아야 소리가 난다.

– 一个巴掌拍不响,双手击打才能出声音。

서로의 뜻이 맞아야 일이 성공한다라는 의미이다.

比喻只有彼此志同道合, 事情才能成功。

– 등잔 밑이 어둡다.

– 灯下黑。灯下不明。

가까이 있는 사람을 잘 알지 못하거나, 가까운 주변에서 일어나고 있는 일을 가장 모르고 있을
때를 비유해서 표현하였다.

比喻最不了解身边的人, 或者最不知道近处发生的事情。

– 떡 줄 사람은 생각하지도 않는데 김칫국부터 마신다.

– 直译)别人根本没想给自己年糕吃, 自己却先喝起泡菜汤。

自作多情, 过于乐观, 做梦娶媳妇。

예전에 떡을 먹을 경우 목이 메어 잘 안 넘어가서, 종종 김칫국과 같이 먹었던 생활
습관에서 유래된 속담이다.

韩国以前吃年糕的时候, 因为会被噎住, 而且不容易咽下去,
常有和泡菜汤一起吃的习惯。这个俗语来自韩国人以前的生活习惯。

무엇인가를 해 줄 사람은 생각하지도 않는데, 해 주는 것으로 알고 행동한다는 의미이다.

别人没想为自己做什么, 却以为是为自己做的。

– 똥 묻은 개가 겨 묻은 개 나무란다.

– 屎狗骂糠狗。

똥이 묻어 있는 개가 겨가 묻어 있는 개를 보고 더럽다고 한다는 의미, 자신의 잘못이 더 큰
사람이 다른 사람의 잘못을 꾸짖는 것을 비유한다.

沾着粪便的狗骂沾着糠的狗, 比喻自己有着更大错误的人, 却去指责别人的错误。

– 목마른 사람이 우물판다.

– 渴而掘井。

사정이 절박한 사람이 서둘러 행동을 한다는 표현이다.

意思是情况紧急的人, 赶紧行动的表现。

– 믿는 도끼에 발등 찍힌다.

– 直译) 被信任的斧子砍到了脚。被信任的人背叛。人心隔肚皮。

믿고 의지했던 사람에게 배신을 당하는 경우를 빗대어 표현하였다.

比喻被信任依赖的人背叛。

- 바늘 가는 데 실 간다.

- 穿针引线。针线不相离。

긴밀한 관계를 나타내는 말로 항상 서로의 행동을 같이 하는 경우를 표현하였다.

表示紧密关系, 比喻彼此行动一致的情况。

- 배보다 배꼽이 크다.

- 肚脐比肚子大。

큰 부분(본질)의 일부분이 되는 것이 오히려 전체보다 더 커서 본질의 의미를 퇴색하게 만들거나 합리적이지 않아 보이는 경우를 비유한다.

次要部分反而比整体部分更大, 比喻整体的意义退色或看起来不合理。

- 백지장도 맞들면 낫다.

- 众擎易举。

가벼운 일이라도 서로가 도우면 쉽게 성공한다라는 의미이다.

比喻哪怕是件容易的事情, 只要同心协力, 互相帮助的话, 就容易把事情办好。

- 사공이 많으면 배가 산으로 간다.

- 直译) 船夫多的话, 船往山上走, 人多嘴杂反而误事。

'이래라저래라 하는 사람이 많으면 일이 엉뚱한 방향으로 흘러간다'는 비유적 표현이다.

比喻指手画脚的人多了, 事情就会往不着边际的方向展开。

- 세살 버릇 여든까지 간다.

- 旧习难改。

'어렸을 때의 버릇과 습관이 몸에 배면 일생 동안 버릇과 습관이 나타난다'는 비유이다.

小时候的习惯是会持续一辈子的。旧习难改。

- 소 잃고 외양간 고친다.

- 亡羊补牢。

때를 놓친 후 뒤늦게 조치를 취하는 경우를 비유하였다.

比喻错过时机后, 再采取措施的情况。

- 아는 길도 물어간다.

  – 即使熟路也要问着走。

  잘 아는 일이라도 방심하지 말고 조심해서 해야 한다는 의미이다.

  比喻虽然熟知的事, 也得谨慎做。

- 아무리 바빠도 바늘 허리 꿰어 못 쓴다.

  – 再急也不能把线绑在针腰上使用。

  일에는 반드시 거쳐야 하는 순서가 있는데 이를 거치지 않으면 일을 해낼 수가 없다.

  再急也不能违背正常顺序。

- 안에서 새는 바가지 밖에서도 샌다.

  – 在家里漏水的瓢儿, 拿到外边去也是漏的。

  좋지 않은 습관은 어디에 가든지 나타난다는 표현이다.

  不好的习惯，走到哪里也很难改变。

- 열 길 물 속은 알아도 한 길 사람 속은 모른다.

  – 直译) 十丈水深可知。一丈人心难知。知人知面不知心。

  사람의 속마음을 알기란 매우 힘들다라는 의미이다.

  比喻很难看清人的内心。

- 종로에서 뺨 맞고 한강에서 화풀이하다.

  – 直译)在[钟路]挨了耳光,到[汉江边]撒气。室怒市色。([钟路]和[汉江边]是地方的名字)。

  다른 장소에서 화난 일을 당하고 엉뚱한 곳에서 화풀이를 한다는 비유적 표현이다.

  在一个地方受了气, 到另外一个地方出气。

- 쥐구멍에도 별 들 날 있다.

  – 直译) 耗子洞里也有照进阳光的一天。总有出头之日。

  아무리 힘든 날이 계속 되어도 언젠가는 좋은 일이 찾아 올 수 있다.

  再苦再累, 总有一天好事降临。

- 지렁이도 밟으면 꿈틀한다.

  – 直译)蚯蚓被踩还要动一动。兔子急了也会咬人。

아무리 순하고 보잘것없는 사람도 자존심이 있으므로 너무 업신여기면 화를 낸다는 의미이다.

再温文尔雅的人也有自尊心,欺人太甚的话,也会发火。

– 하룻강아지 범 무서운 줄 모른다.

– 直译) 生下来一天的小狗不知道老虎的可怕。初生牛犊不怕虎。

경험이 적고 세상 물정을 잘 모르는 사람이 함부로 덤비는 경우를 비유하는 표현이다.

经验少,不懂人情世故的人,不知道害怕。

– 호미로 막을 것을 가래로 막는다.

– 小孔不补,大孔叫苦。小错不改,终成大错。

초기에 처리하였으면 적은 노력으로 처리할 수 있었는데 시기를 놓쳐서 일을 처리하는데 더 많은 힘과 노력이 들어간다는 뜻으로 초기에 빠르게 대응하는 것이 중요하다는 의미이다.

初期应该用锄头可以充分做的事,结果却要用铁锨付出更多力量去做。

意思是说,如果早进行处理的话,只需要微薄之力会不费事。

错过时机之后,则需要付出更多力量和努力。

하룻강아지 범 무서운 줄 모른다.
初生牛犊不怕虎。

참고 문헌 参考文献

허용 외 지음 《외국어로서의 한국어 교육학 개론》, 박이정, 2018

김남미 지음 《세상에서 가장 쉽고 재미있는, 친절한 국어 문법》, 나무의 철학, 2018

이봉원 지음 《언어 치료사를 위한 한국어 문법》, 학지사, 2018

이지은 지음 《우공비 중학 국어 한눈에 보는 문법》, 좋은책 신사고, 2019

김수학 지음 《EBS 문법》 2019

저자 약력 作者简历

서울대학교 공과대학 졸

전 삼성전자 메모리부문 사장

전 삼성모바일디스플레이 대표이사

전 삼성전자 의료기기부문 사장 겸 삼성메디슨 대표이사

현 국제한국어교육재단 이사

首尔大学工科大学毕业

前 三星电子存储器部门总经理

前 三星移动显示器公司代表

前 三星电子医疗器械部门总经理兼三星MEDISON代表

现 国际韩国语教育财团理事

한국어, 한눈에 쏙 2

2022년 3월 25일 제1판 1쇄 발행

지은이 / 조수인
펴낸이 / 강선희
펴낸곳 / 가림출판사

등록 / 1992. 10. 6. 제 4-191호
주소 / 서울시 광진구 영화사로 83-1 영진빌딩 5층
대표전화 / 02)458-6451 팩스 / 02)458-6450
홈페이지 / www.galim.co.kr
이메일 / galim@galim.co.kr

값 18,000원

ISBN 978-89-7895-433-4-13710

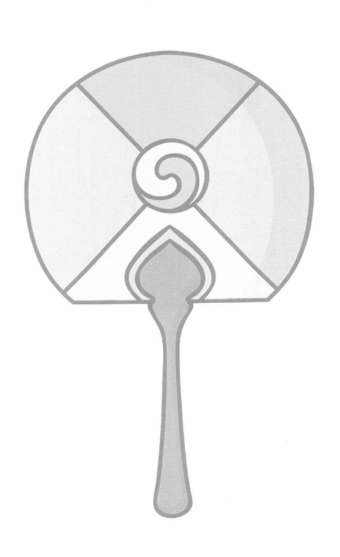